Jean-Paul Sartre
AS PALAVRAS

TRADUÇÃO *J. Guinsburg*
PREFÁCIO *Fabio Caprio Leite de Castro*

4ª EDIÇÃO

EDITORA
NOVA
FRONTEIRA

Título original: *Les Mots*
Copyright © Éditions Gallimard, 1964

Direitos de edição da obra em língua portuguesa no Brasil adquiridos pela EDITORA NOVA FRONTEIRA PARTICIPAÇÕES S.A. Todos os direitos reservados. Nenhuma parte desta obra pode ser apropriada e estocada em sistema de banco de dados ou processo similar, em qualquer forma ou meio, seja eletrônico, de fotocópia, gravação etc., sem a permissão do detentor do copirraite.

EDITORA NOVA FRONTEIRA PARTICIPAÇÕES S.A.
Av. Rio Branco, 115 — Salas 1201 a 1205
Centro — 20040-004 — Rio de Janeiro — RJ — Brasil
Tel.: (21) 3882-8200

Imagens de capa: Freepick image | Alfabeto em blocos de impressão de madeira tipográfica antiga / Shutterstock

---

CIP-Brasil. Catalogação na fonte
Sindicato Nacional dos Editores de Livros, RJ

S261p   Sartre, Jean-Paul, 1905-1980
        As palavras / Jean-Paul Sartre; tradução J. Guinsburg; prefácio Fabio Caprio Leite de Castro - 4. ed. - Rio de Janeiro: Nova Fronteira, 2024.
        152p.   (Clássicos de ouro)

        Tradução de: *Les Mots*
        ISBN 978-65-564-0858-3

        1. Sartre, Jean-Paul, 1905-1980. 2. Escritores franceses - Séc. XX - Biografia. 3. Filósofos - França - Biografia. I. Guinsburg, J. II. Título. III. Série.

18-47191   CDD: 928.4
                                       CDU: 929:821.133.1

CONHEÇA OUTROS LIVROS DA EDITORA:

Sumário

Prefácio 7
I. Ler 13
II. Escrever 83

Índice remissivo 147

Prefácio

Ao leitor de língua portuguesa é dada a oportunidade de disfrutar desta que é a terceira edição de *As palavras* de Jean-Paul Sartre na bela tradução assinada por J. Guinsburg. O livro foi considerado por muitos comentadores a obra-prima de Sartre e uma das mais bem-sucedidas autobiografias do século XX. Originalmente, o texto de *As palavras* foi publicado nos volumes de outubro e novembro de 1963 da revista *Les Temps Modernes* e vendido no formato de livro a partir de meados de 1964.

Foi um período marcante na vida do pensador francês. Algum tempo antes da publicação de sua autobiografia, Sartre havia sofrido dois atentados, em 19 de julho de 1961 e 7 de janeiro de 1962, perpetrados pela O.A.S (Organisation de l'Armée Secrète) em resposta ao seu engajamento nos movimentos de libertação na Argélia. Em julho de 1962, Sartre não participou das cerimônias que festejaram a independência argelina, pois estava envolvido com o texto de sua autobiografia.[1] E pouco depois da sua publicação, ele ganhou o prêmio Nobel, que se recusou a receber porque entendia que esse gesto consistia em um "perdão" da sociedade burguesa pela confissão de seus "erros" em *As palavras* — termos aliás empregados em um artigo do *Figaro littéraire* daquele período.[2] Além disso, Sartre entendia que a premiação seria uma forma de decretar o último livro de um autor e de assassiná-lo.[3]

É difícil situar no tempo o início da redação de sua autobiografia. É provável que Sartre a tenha começado em 1955, com o título *João Sem Terra*.[4] Entretanto, esse primeiro manuscrito ainda estava muito longe do texto final. Em uma entrevista para o jornal *Le Monde* em 18 de

---

[1] COHEN-SOLAL, Annie. *Sartre — 1905-1980*. Paris: Gallimard Folio, 1999, p. 731.
[2] SARTRE, Jean-Paul. *Sartre, un film*. Transcrição do filme *Sartre par lui-même*, de Alexandre Astruc e Michel Contat. Paris: Gallimard, 1977, p. 113.
[3] *Ibidem*.
[4] SARTRE, Jean-Paul. "Jean sans terre". *Les Mots et autres écrits autobiographiques*. Edição publicada sob a direção de Jean-François Louette com a colaboração de Gilles Philippe e Juliette Simont. Paris: Gallimard Pléiade, 2010, pp. 965-1.005.

abril de 1964, Sartre reconhecia que essa primeira versão era excessiva em sua autocondenação.

> Por volta de 1954, eu estava muito perto de me arrepender [da escolha da literatura]. (...) Porém, você vê, há dois tons em *As palavras*: o eco dessa condenação e uma atenuação desta severidade. Se eu não publiquei esta autobiografia mais cedo e em sua forma mais radical, é que eu a julguei excessiva. (...) A gente não está mais a salvo na política do que na literatura.[5]

Vale lembrar que Annie Cohen-Solal, a mais importante biógrafa de Sartre, considera o manuscrito de *As palavras* como o mais retalhado, o mais retrabalhado e o mais modificado do pensador francês. Há um enorme conjunto de páginas de rascunho paciente e trabalho de artesão, como jamais Sartre consagrou a qualquer de suas obras.[6]

Não há dúvida sobre a beleza de seu estilo e sobre o equilíbrio de seu ritmo. O texto impressiona sobretudo por suas qualidades literárias. E o que seria uma autobiografia senão uma narrativa de si que flerta com a ficção? "Não que os fatos que eu relato [em *As palavras*] não sejam verdadeiros, mas *As palavras* é uma espécie de romance, também, um romance no qual eu creio, mas que permanece apesar de tudo um romance."[7]

Quando da sua publicação, muitos sentiram-se diretamente visados ou pessoalmente interpelados pela tonalidade do livro. Outros interrogavam-se sobre a estranha "distância irônica" que Sartre aplicava à narrativa de sua própria infância. Podemos falar de amabilidade e generosidade com o público, ou de um orgulho do autor? É um ensaio ou um panfleto? *As palavras* são mesmo uma autobiografia? Se for considerada narrativa de infância ou de uma vocação, há que se ter em conta o epílogo que faz a ligação entre a criança e o quinquagenário,

---

[5] SARTRE, Jean-Paul. "Jean-Paul Sartre s'explique sur Les Mots", entrevista com Jacques Piatier. SARTRE, Jean-Paul. *Les Mots et autres écrits autobiographiques*. Edição publicada sob a direção de Jean-François Louette com a colaboração de Gilles Philippe e Juliette Simont. Paris: Gallimard Pléiade, 2010, p. 1.255.
[6] COHEN-SOLAL, Annie. *Sartre — 1905-1980*. Paris: Gallimard Folio, 1999, p. 734.
[7] SARTRE, Jean-Paul. "Autoportrait aux soixante-dix ans". *Situations X*. Paris: Gallimard, 1976, pp. 145-146.

afastando assim a característica de uma biografia intelectual.⁸ Vejamos então como Sartre mesmo a definiu: "é a história de um homem de cinquenta anos, filho de pequeno-burgueses, que tinha nove anos na véspera da primeira guerra e já se encontrava marcado por esse primeiro pré-guerra."⁹

São marcas notáveis do seu texto a ironia e a autocrítica. Mais do que um distanciamento de si, como assinala Jean-François Louette, Sartre pretendia inventar um método para dar rigor à sua autocrítica, consequência de sua conversão antiburguesa efetuada desde 1952.¹⁰ "Antes de tudo, é um ensaio de método", afirmou Sartre em uma famosa entrevista.¹¹

A sua autobiografia mostrava-se uma interessante oportunidade para reempregar a noção de *hystéresis*, apresentada em *Questão de método*, segundo a qual uma obra exprime ao mesmo tempo uma situação e suas significações contemporâneas (de maneira sincrônica) e também um estado recente, embora já superado, que o escritor interiorizou em sua infância.¹² A mesma noção é reutilizada mais tarde, no estudo de Flaubert em três volumes, *O idiota da família*, publicados em 1971 e 1972.

Afinal, o que nos queria transmitir Sartre em seu esforço metodológico para a compreensão de si mesmo e de sua relação com a escritura? Por primeiro, sem dúvida, afigura-se a tentativa de explicar em uma

---

⁸ LOUETTE, Jean-François. "*Les mots* (1964) — Notice". SARTRE, Jean-Paul. *Les Mots et autres écrits autobiographiques*. Edição publicada sob a direção de Jean--François Louette com a colaboração de Gilles Philippe e Juliette Simont. Paris: Gallimard Pléiade, 2010, pp. 1.271-1.272.

⁹ SARTRE, Jean-Paul *apud* COHEN-SOLAL, Annie. *Sartre — 1905-1980*. Paris: Gallimard Folio, 1999, p. 734.

¹⁰ LOUETTE, Jean-François. "*Les mots* (1964) — Notice". SARTRE, Jean-Paul. *Les Mots et autres écrits autobiographiques*. Edição publicada sob a direção de Jean--François Louette com a colaboração de Gilles Philippe e Juliette Simont. Paris: Gallimard Pléiade, 2010, p. 1.280.

¹¹ SARTRE, Jean-Paul. "Jean-Paul Sartre on his Autobiography". *Les Mots et autres écrits autobiographiques*. Edição publicada sob a direção de Jean-François Louette com a colaboração de Gilles Philippe e Juliette Simont. Paris: Gallimard Pléiade, 2010, p. 1.242.

¹² LOUETTE, Jean-François. "*Les mots* (1964) — Notice". SARTRE, Jean-Paul. *Les Mots et autres écrits autobiographiques*. Edição publicada sob a direção de Jean--François Louette com a colaboração de Gilles Philippe e Juliette Simont. Paris: Gallimard Pléiade, 2010, p. 1.283.

autobiografia por qual razão ele se tornou escritor, pois ele poderia ter escolhido outras atividades.[13] Nesse sentido, oferecia-se uma ocasião para apresentar, desde o quadro do método progressivo-regressivo, a ideia de uma neurose de escritura e a possibilidade da sua superação, escapando a uma psicanálise cúmplice da sacralização burguesa da interioridade. Além disso, tratava-se de desenvolver o seu projeto de mostrar que não há oposição real entre marxismo e psicanálise,[14] desde que se captem as mediações entre o projeto singular e a sua época através dos coletivos e da família. Todas essas dimensões fazem com que o livro *As palavras*, texto de exímia beleza literária, tenha se tornado um dos escritos mais importantes de Sartre e da literatura autobiográfica do século XX.

Fabio Caprio Leite de Castro
Doutor em Filosofia (ULg — Bélgica)
Professor do Programa de Pós-Graduação em Filosofia (PUCRS)

---

[13] SARTRE, Jean-Paul. "Jean-Paul Sartre on his Autobiography". *Les Mots et autres écrits autobiographiques*. Edição publicada sob a direção de Jean-François Louette com a colaboração de Gilles Philippe e Juliette Simont. Paris: Gallimard Pléiade, 2010, p. 1.247.
[14] *Ibidem*, p. 1.245.

A madame Z.

I
Ler

Na Alsácia, por volta de 1850, um mestre-escola carregado de filhos consentiu em tornar-se merceeiro. Este egresso desejou uma compensação: já que renunciava a formar os espíritos, um de seus rebentos formaria as almas; haveria um pastor na família e seria Charles. Charles furtou-se, preferiu bater as estradas na trilha de uma amazona. Viraram o seu retrato contra a parede e proibiram que o seu nome fosse pronunciado. De quem era a vez? Auguste apressou-se em imitar o sacrifício paterno: entrou para o comércio e sentiu-se bem. Restava Louis, que não tinha predisposição acentuada: o pai apoderou-se do rapaz tranquilo e o converteu em pastor num abrir e fechar de olhos. Mais tarde, Louis levou a obediência a ponto de engendrar por seu turno um pastor, Albert Schweitzer, cuja carreira é conhecida. Charles, entretanto, não conseguira encontrar a sua amazona; o belo gesto do pai o marcara: conservou a vida toda o gosto pelo sublime e aplicou seu afã em fabricar grandes circunstâncias com pequenos acontecimentos. Não pensava, como se vê, em eludir a vocação da família: desejava dedicar-se a uma forma atenuada de espiritualidade, a um sacerdócio que lhe permitisse as amazonas. O magistério se encarregou disso: Charles escolheu o ensino do alemão. Defendeu uma tese sobre Hans Sachs, optou pelo método direto do qual se dizia, mais tarde, inventor, publicou, com a colaboração do sr. Simonnot, um *Deutsches Lesebuch* apreciado, fez rápida carreira: Mâcon, Lyon, Paris. Em Paris, no momento da distribuição dos prêmios de formatura, pronunciou um discurso que logrou a honra de uma publicação em separata: "Senhor ministro, minhas senhoras, meus senhores, meus caros filhos, jamais poderíeis adivinhar o tema da minha palestra de hoje! A música!" Primava nos versos de improviso. Costumava comentar nas reuniões de família: "Louis é o mais piedoso, Auguste o mais rico e eu o mais inteligente." Os irmãos riam, as cunhadas mordiam os lábios. Em Mâcon, Charles Schweitzer esposara Louise Guillemin, filha de um tabelião católico. Ela detestou a viagem de núpcias: Charles a raptara antes do fim do banquete e a jogara num trem. Aos setenta anos, Louise falava ainda da salada de alho-poró que lhes fora servida num restaurante de estação: "Ele comia toda a parte branca e me deixava a verde." Passaram 15 dias na Alsácia sem sair da mesa; os irmãos contavam entre si, em patoá, casos escatológicos; de vez em quando, o pastor voltava-se para Louise e lhe traduzia as histórias, por caridade cristã. Ela não tardou em obter um atestado de complacência que a dispensou do comércio conjugal e deu-lhe direito a quarto separado; ela falava de suas enxaquecas, adquiriu o hábito de ficar na cama, pôs-se a detestar o barulho, a paixão, os entusiasmos, toda a grande vida rude e teatral dos Schweitzer. Aquela mulher viva e maliciosa, mas fria, pensava direito e mal, porque o marido pensava bem e de viés; como este era mentiroso e crédulo, ela duvidava de tudo: "Eles pretendem que a Terra gira: o que sabem eles?" Rodeada de virtuosos comediantes, passara a odiar a comédia e a virtude. Aquela realista tão sutil, extraviada em uma família de espiritualistas grosseiros, fez-se voltairiana por desafio, sem ter lido Voltaire. Pequena e gorducha, cínica, jovial, tornou-se pura negação; com um arquear de sobrancelhas, com um sorriso imperceptível, reduzia a pó todas as atitudes grandiloquentes, para si mesma e sem que ninguém percebesse. Seu orgulho negativo e o egoísmo de sua recusa devoraram-na. Não via ninguém, tendo demasiada altivez para pleitear o primeiro lugar e demasiada vaidade para contentar-se com o segundo. "Saibam", dizia, "fazer-se desejados". Foi muito desejada, depois cada vez menos e, por não ser vista, acabou esquecida. Quase não saía mais de sua poltrona ou de seu leito. Naturalistas e puritanos — esta combinação de virtudes é menos rara do que se pensa —, os Schweitzer gostavam das palavras cruas que, rebaixando mui cristãmente o corpo, manifestassem seu amplo consentimento às funções naturais; Louise gostava das palavras encobertas. Lia muitos romances livres, apreciando menos a intriga do que os véus transparentes a envolvê-la: "É ousado, está bem-escrito", dizia com um ar delicado. "Escorreguem, mortais, não queiram segurar-se!" Esta mulher de gelo julgou que ia morrer de rir quando leu *La Femme de feu*, de Adolphe Belot. Divertia-se contando histórias de noites de núpcias que acabavam sempre mal: ora o marido, em sua pressa brutal, quebrava o pescoço da mulher contra a armação da cama, ora a jovem desposada era encontrada, de manhã, refugiada sobre o armário, nua e louca. Louise vivia na meia-luz; Charles entrava no quarto dela, empurrava as persianas, acendia todas as lâmpadas, e ela gemia levando as mãos aos olhos: "Charles, você está me cegando!" Mas sua resistência não ultrapassava os limites de uma oposição constitucional: Charles lhe inspirava medo, uma prodigiosa irritação e, por vezes, também amizade, desde que não a tocasse. Cedia-lhe em tudo tão logo ele se punha a gritar. Ele lhe fez quatro filhos de surpresa: uma menina que morreu com poucos anos, dois rapazes e outra menina. Por indiferença ou por respeito, Charles permitira que fossem criados na religião católica. Descrente, Louise fê-los crentes por aversão ao protestantismo. Os dois rapazes tomaram o partido da mãe; ela os distanciou suavemente daquele pai volumoso; Charles nem sequer chegou a perceber. O primogênito, Georges, entrou para a École Polytechnique; o segundo, Émile, tornou-se professor de alemão. Ele me intriga: sei que permaneceu solteiro e, embora não o amasse, imitava o pai em tudo. Pai e filho acabaram por se indispor; houve reconciliações memoráveis. Émile ocultava a sua vida; adorava a mãe e, até o fim, conservou o hábito de fazer-lhe, sem aviso, visitas clandestinas; cobria-a de beijos e carícias, depois punha-se a falar do pai, primeiro ironicamente, a seguir com raiva e por fim partia, batendo a porta. Louise o amava, creio, mas ele lhe inspirava temor: aqueles dois homens rudes e difíceis fatigavam-na, e ela preferia Georges, que nunca aparecia por lá. Émile morreu em 1927, louco de solidão: debaixo de seu travesseiro, encontraram um revólver; cem pares de meias furadas, vinte pares de sapatos acalcanhados em suas malas.

Anne-Marie, a filha caçula, passou a infância sentada numa cadeira. Ensinaram-na a aborrecer-se, a ficar direitinha e a costurar. Possuía alguns dons: acharam que era distinto deixá-los incultos; seu brilho: cuidaram de escondê-lo. Aqueles burgueses modestos e ativos julgavam a beleza algo acima de seus meios ou abaixo de sua condição; permitiam-na às marquesas e às meretrizes. Louise alimentava o mais árduo orgulho: por receio de ser lograda, negava nos filhos, no marido, em si mesma, as qualidades mais evidentes; Charles não sabia reconhecer a beleza nos outros: confundia-a com saúde: desde a doença da esposa, consolava-se com robustas idealistas, bigodudas e coradas, que vicejavam saúde. Cinquenta anos mais tarde, folheando um álbum de família, Anne-Marie percebeu que havia sido bela.

Mais ou menos por volta da mesma época em que Charles Schweitzer conhecia Louise Guillemin, um médico do interior desposou a filha de um rico proprietário do Périgord e instalou-se com ela na triste rua principal de Thiviers, em frente ao farmacêutico. Logo após o casório, evidenciou-se que o sogro não possuía um vintém. Indignado, o dr. Sartre ficou quarenta anos sem dirigir a palavra à sua mulher; à mesa exprimia-se por meio de sinais e ela acabou por cognominá-lo "meu pensionista". Partilhava de seu leito, no entanto, e de tempos em tempos, sem uma palavra, a engravidava: ela deu-lhe dois meninos e uma menina; estes filhos do silêncio chamaram-se Jean-Baptiste,

Joseph e Hélène. Hélène casou-se um pouco tarde com um oficial da cavalaria que enlouqueceu; Joseph fez o serviço militar nos zuavos e retirou-se desde então à casa dos pais. Não tinha profissão: colhido entre o mutismo de um e o berreiro do outro, tornou-se gago e passou a vida a lutar com as palavras. Jean-Baptiste quis ingressar na Escola Naval para ver o mar. Em 1904, em Cherbourg, oficial de marinha e já roído pelas febres da Cochinchina, conheceu Anne-Marie Schweitzer, apoderou-se da mocetona desamparada, desposou-a, fez-lhe um filho a galope, eu, e tentou refugiar-se na morte.

Morrer não é fácil: a febre intestinal subia sem pressa; houve remissões. Anne-Marie cuidava dele com devotamento, mas sem levar a indecência a ponto de amá-lo. Louise prevenira-a contra a vida conjugal: após as bodas de sangue, era uma série infinita de sacrifícios entremeada de trivialidades noturnas. A exemplo de sua mãe, a minha preferiu o dever ao prazer. Não chegou a conhecer bem meu pai, nem antes nem depois do casamento, e por vezes devia perguntar-se por que aquele estranho optara por morrer entre seus braços. Transportaram-no para uma herdade a algumas léguas de Thiviers; o pai vinha visitá-lo diariamente em carriola. As vigílias e os cuidados esgotaram Anne-Marie, seu leite secou, arrumaram-me uma ama de leite não longe dali e eu também me empenhei em morrer: de enterite e talvez de ressentimento. Aos vinte anos, sem experiência nem conselhos, minha mãe se dilacerava entre dois moribundos desconhecidos; seu casamento de conveniência encontrava sua verdade na doença e no luto. Eu, de minha parte, aproveitava a situação: naquele tempo, as mães aleitavam sozinhas e longamente; sem a sorte dessa dupla agonia, eu ficaria exposto às dificuldades de uma desmama tardia. Doente, desmamado à força com nove meses, a febre e o embrutecimento impediram-me de sentir a última tesourada que corta os laços entre a mãe e o filho; mergulhei num mundo confuso, povoado de alucinações simples e de frustros ídolos. À morte de meu pai, Anne-Marie e eu despertamos de um pesadelo comum; sarei. Mas ambos éramos vítimas de um mal-entendido: ela reencontrava com amor um filho que jamais abandonara realmente; eu voltava a mim no regaço de uma estranha.

Sem dinheiro nem profissão, Anne-Marie decidiu retornar à casa dos pais. Mas o insolente passamento de meu pai desgostara os Schweitzer: parecia-se demais a um repúdio. Por não ter sabido prevê-lo nem preveni-lo, minha mãe foi tida como culpada: tomara, tontamente, um marido que não durara. Em relação à comprida Ariane que voltou a Meudon com um filho nos braços, todo mundo foi perfeito: meu avô, que pedira sua aposentadoria, retomou o serviço sem uma palavra de censura; minha avó, por sua vez, mostrou discreto triunfo. Mas Anne-Marie, gelada de gratidão, adivinhava a acusação sob a capa dos bons procedimentos: as famílias, sem dúvida, preferem as viúvas às mães solteiras, mas é por muito pouco. A fim de lograr o perdão, ela se desdobrou sem medida, dirigiu a casa dos pais, em Meudon e depois em Paris, fez-se governanta, enfermeira, mordomo, dama de companhia, criada, sem conseguir desarmar o mudo agastamento de sua mãe. Louise achava fastidioso fazer o cardápio todas as manhãs e as contas todas as noites, mas não suportava que alguém os fizesse em seu lugar; permitiu que a desobrigassem de seus deveres, irritando-se por perder as prerrogativas. Aquela mulher envelhecida e cínica só nutria uma ilusão: julgava-se indispensável. A ilusão desvaneceu-se: Louise começou a sentir ciúme da filha. Pobre Anne-Marie: passiva, teria sido acusada de constituir um fardo; ativa, era suspeita de querer comandar a casa. Para evitar o primeiro escolho, precisou de toda a sua coragem; para evitar o segundo, de toda a sua humildade. Não demorou muito para que a jovem viúva volvesse a ser menor: uma virgem maculada. Não lhe recusavam o dinheiro miúdo: esqueciam-se de dá-lo; usou o seu guarda-roupa até o fio sem que meu avô se lembrasse de renová-lo. Mal toleravam que saísse sozinha. Quando suas velhas amigas, casadas na maioria, convidavam-na para jantar, precisava solicitar licença com muita antecedência e prometer que estaria de volta antes das dez. No meio da refeição, o dono da casa levantava-se da mesa a fim de reconduzi-la de carro. Neste ínterim, de camisola, meu avô media com os passos o seu quarto de dormir, de relógio na mão. À última pancada das dez, dava o berro. Os convites rarearam e minha mãe se enfarou de prazeres tão custosos.

A morte de Jean-Baptiste foi o grande acontecimento de minha vida: devolveu minha mãe aos seus grilhões e me deu a liberdade.

Não há bom pai, é a regra; que não se faça disso agravo aos homens e sim ao laço de paternidade que apodreceu. Fazer filhos, não há coisa melhor; *tê-los*, que iniquidade! Houvesse vivido, meu pai ter-se-ia deitado sobre mim com todo o seu comprimento e ter-me-ia esmagado. Por sorte, morreu moço; em meio dos Eneias que carregam às costas seus Anquises, passo de uma margem à outra, só e detestando todos esses genitores invisíveis montados em seus filhos por toda a vida; deixei atrás de mim um jovem morto que não teve tempo de ser meu pai e que poderia ser, hoje, meu filho. Foi um mal, um bem? Não sei; mas subscrevo de bom grado o veredicto de um eminente psicanalista: não tenho superego.

Morrer não é tudo: é mister morrer a tempo. Mais tarde, eu me sentiria culpado; um órfão consciente se condena; deslumbrados com sua presença, os pais se retiraram para seus apartamentos do céu. Eu, de minha parte, estava encantado: minha triste condição impunha respeito, fundava minha importância; eu incluía meu luto entre as minhas virtudes. Meu pai tivera a gentileza de morrer erradamente: minha avó repetia que ele se furtara às suas obrigações; meu avô, justamente orgulhoso da longevidade Schweitzer, não admitia que alguém desaparecesse aos trinta anos; à luz desse óbito suspeito, acabou duvidando de que seu genro houvesse alguma vez existido e, por fim, esqueceu-o. Não precisei sequer esquecê-lo: safando-se à inglesa, Jean-Baptiste me recusara o prazer de conhecê-lo. Ainda hoje, espanto-me do pouco que sei a seu respeito. No entanto, ele amou, quis viver, viu-se morrer; é quanto basta para fazer todo um homem. Mas em relação àquele homem, ninguém, em minha família, soube deixar-me curioso. Durante vários anos, pude ver, acima de meu leito, o retrato de um pequeno oficial de olhos cândidos, com o crânio redondo e pelado, de grandes bigodes: quando minha mãe voltou a casar, o retrato sumiu. Mais tarde, herdei livros que lhe tinham pertencido: uma obra de Le Dantec sobre o futuro da ciência, outra de Weber, intitulada: *Vers le positivisme par l'idéalisme absolu*. Fazia más leituras, como todos os seus contemporâneos. Nas margens, descobri rabiscos indecifráveis, signos mortos de uma pequena iluminação que foi viva e bailante por volta de meu nascimento. Vendi os livros: aquele defunto me concernia muito pouco. Eu o conheço de oitiva, como o Máscara de Ferro ou o Cavaleiro de Eon, e o que sei dele nunca se refere a mim: se acaso me amou, se me tomou em seus braços, se voltou para o filho os olhos claros, hoje comidos, disso ninguém guardou lembrança: são penas de amor perdidas. Esse pai não é sequer uma sombra, nem sequer um olhar: ele e eu pesamos, por algum tempo, sobre a mesma terra, é só. Mais do que filho de um morto, deram-me a entender que eu era filho do milagre. Daí provém, sem dúvida alguma, minha incrível leviandade. Não sou chefe, nem aspiro a vir a sê-lo. Comandar e obedecer dão no mesmo. O mais autoritário comanda em nome do outro, de um parasita sagrado — seu pai —, e transmite as abstratas violências de que padece. Jamais em minha vida dei ordens sem rir, sem fazer rir; isto acontece porque não estou roído pelo cancro do poder: não me ensinaram a obediência.

A quem obedeceria eu? Mostram-me uma jovem gigante e me dizem que é minha mãe. Por mim, tomá-la-ia antes por uma irmã mais velha. Esta virgem sob vigilância, submetida a todos, vejo que se encontra aí para me servir. Eu a amo: mas como haveria de respeitá-la, se ninguém a respeita? Há três quartos em nossa casa: o de meu avô, o de minha avó e o das "crianças". As "crianças" somos nós: igualmente menores e igualmente sustentados. Mas todas as atenções são para mim. Em *meu* quarto é que puseram uma cama de moça. A moça dorme sozinha e desperta castamente; ainda estou dormindo quando ela corre para tomar o seu *tub* no banheiro; retorna inteiramente vestida: como terei nascido dela? Ela me conta suas desventuras e eu a ouço com compaixão; mais tarde hei de desposá-la a fim de protegê-la. Prometo-lhe: espalmarei minha mão sobre ela, porei a seu serviço a minha jovem importância. Pensará alguém que irei obedecer-lhe? Tenho a bondade de ceder a seus rogos. Ela não me dá ordens, aliás: esboça em ligeiras palavras um futuro, louvando-me por eu me dignar a realizá-lo: "Meu benzinho vai ficar bem bonitinho, bem comportadinho e vai deixar que eu pingue estas gotas no nariz bem devagarinho." Eu caía na armadilha dessas profecias piegas.

Restava o patriarca: parecia-se tanto com Deus Pai que muitas vezes o tomavam por ele. Um dia, entrou numa igreja pela sacristia; o pároco ameaçava os tíbios com os raios celestes: "Deus está aí! Ele vos vê!" De repente, os fiéis descobriram, sob o púlpito, um velho alto e barbudo que os observava: fugiram. Outras vezes, meu avô dizia que se haviam atirado a seus pés. Tomou gosto pelas aparições. No mês de setembro de 1914, manifestou-se em um cinema de Arcachon: estávamos no balcão, minha mãe e eu, quando ele exigiu a luz; outros senhores compunham ao seu redor os anjos e bradavam: "Vitória! Vitória!" Deus subiu ao palco e leu o comunicado da batalha do Marne. Ao tempo em que sua barba era preta, fora Jeová e desconfio que Émile morrera por ele, indiretamente. Aquele Deus da cólera se empanzinava com o sangue dos filhos. Mas eu surgia ao termo de sua longa vida, sua barba embranquecera, o fumo a amarelara e a paternidade não mais o divertia.

Entretanto, tivesse ele me engendrado, creio que não poderia deixar de sujeitar-me: por hábito. Minha sorte foi a de pertencer a um morto: um morto derramara algumas gotas de esperma que constituem o preço comum de um filho; eu era feudo do Sol, meu avô podia desfrutar-me sem me possuir: fui a sua "maravilha", porque desejava findar os dias como um velho maravilhado; tomou o alvitre de me considerar um singular favor do destino, um dom gratuito e sempre revogável; o que iria exigir de mim? Eu o cumulava de satisfação com a minha simples presença. Ele foi o Deus de Amor com a barba do Pai e o Sagrado Coração do Filho; ele me fazia a imposição das mãos e eu sentia sobre o crânio o calor de sua palma, ele me chamava filhinho com uma voz que tremulava de ternura e as lágrimas embebiam-lhe os olhos frios. Todo mundo gritava: "Esse moleque o deixou louco!" Ele me adorava, era patente. Amava-me? Numa paixão tão pública, sinto dificuldade em distinguir a sinceridade do artifício: não creio que haja externado muita afeição aos seus demais netos; é verdade que quase não os via e que estes não tinham a menor necessidade dele. Quanto a mim, dependia dele em tudo: ele adorava em mim a sua própria generosidade.

Na verdade, forçava um pouco para o lado do sublime: era um homem do século XIX que se tomava, como tantos outros, como o próprio Victor Hugo, por Victor Hugo. Considero aquele belo varão de barba ondulada, sempre entre dois lances teatrais, como o alcoólatra entre dois vinhos, vítima de duas técnicas que acabavam de ser descobertas: a arte do fotógrafo e a arte de ser avô. Tinha a sorte e a desgraça de ser fotogênico; suas fotos enchiam a casa: como não se praticava então o instantâneo, adquirira o gosto pelas poses e pelos quadros vivos; tudo lhe servia de pretexto para suspender os gestos, para paralisar-se numa bela atitude, para petrificar-se; adorava aqueles curtos instantes de eternidade em que se tornava sua própria estátua. Não guardei dele — em virtude de seu gosto pelos quadros vivos — senão imagens rígidas de lanterna mágica: no meio de um bosque, estou sentado num tronco de árvore, tenho cinco anos: Charles Schweitzer usa um panamá, um terno de flanela creme com riscas pretas, um colete de *piqué* branco, atravessado por uma corrente de relógio; seu pincenê pende da ponta de um cordão; inclinado para mim, ergue um dedo com anel de ouro e fala. Tudo é escuro, tudo é úmido, salvo a sua barba solar: ele traz a auréola em torno do queixo. Não sei o que diz: eu estava preocupado demais em escutar para poder ouvir. Suponho que aquele velho republicano do Império estava ensinando meus deveres cívicos e me relatava a história burguesa: houvera reis, imperadores, eram muito maus; por isso foram banidos, agora tudo ia melhor. À noite, quando íamos esperá-lo no caminho, nós o reconhecíamos logo, entre a multidão de viajantes que saíam do funicular, por sua alta estatura, por seu andar de mestre de minueto. Do ponto mais distante em que nos avistasse, ele se "colocava", a fim de obedecer às injunções de um fotógrafo invisível: a barba ao vento, o corpo reto, os pés em esquadro, o peito arqueado, os braços largamente abertos. A esse sinal, eu me imobilizava, me inclinava para a frente, era o corredor na hora da largada, o passarinho que vai saltar da máquina; permanecíamos alguns instantes face a face, um bonito grupo de porcelana de Saxe, depois eu me arremetia, carregado de frutas e flores, da felicidade de meu avô, e ia bater nos seus joelhos com um esfalfamento fingido e ele me erguia do chão, me levava às nuvens, na ponta dos braços, atraía-me para junto de seu peito, murmurando: "Meu tesouro!" Era o segundo número, muito notado pelos passantes. Representávamos uma ampla comédia com cem quadros diferentes; o flerte, os mal-entendidos logo dissipados, as implicâncias complacentes e os pitos delicados, o despeito amoroso, os segredinhos ternos e a paixão; imaginávamos empecilhos ao nosso amor a fim de nos proporcionarmos a alegria de afastá-los: eu era voluntarioso por vezes, mas os caprichos não conseguiam mascarar minha delicada sensibilidade; ele mostrava a vaidade sublime e cândida que convém aos avós, a cegueira, as fraquezas culpáveis que Hugo recomenda. Se me houvessem posto a pão seco, ele me teria trazido compotas; mas as duas mulheres aterrorizadas evitavam a todo preço fazê-lo. Além disso, eu era uma criança bem-comportada: achava meu papel tão conveniente que não saía dele. Na verdade, a pronta retirada de meu pai me gratificara com um "Édipo" muito incompleto: não tinha superego sem dúvida, tampouco qualquer agressividade. Minha mãe me pertencia, ninguém me contestava sua tranquila posse; eu ignorava a violência e o ódio; pouparam-me esse duro aprendizado, o ciúme; por não me haver chocado contra as suas arestas, só conheci inicialmente a realidade através de sua ridente inconsistência. Contra quem, contra o que iria eu revoltar-me? O capricho de outrem nunca pretendera ser minha lei.

Consinto gentilmente que me calcem os sapatos, que me pinguem gotas no nariz, que me escovem e me lavem, que me vistam e me dispam, que me enfeitem e me esfreguem; não sei de coisa mais divertida do que bancar o bem-comportado. Nunca choro, quase não rio, não faço barulho; aos quatro anos, pegaram-me salgando a compota: por amor à ciência, suponho, mais do que por malvadeza; em todo caso, é o único crime de que guardo lembrança. Aos domingos, as senhoras vão às vezes à missa, para ouvir boa música ou um organista de renome; nem uma nem outra é praticante, mas a fé dos outros as predispõe ao êxtase musical; creem em Deus o tempo suficiente para apreciar uma tocata. Tais momentos de alta espiritualidade fazem minhas delícias: todo mundo parece dormir, é o caso de eu mostrar o que sei fazer: de joelhos sobre o genuflexório, converto-me em estátua; cumpre não mexer um dedo do pé sequer; olho fixamente à minha frente, sem piscar, até que as lágrimas rolam sobre minhas faces; naturalmente, travo um combate titânico contra as formigas, mas estou certo de vencer, tão consciente me sinto de minha força que não vacilo em suscitar em mim as tentações mais criminosas para dar a mim próprio o prazer de repeli-las: e se eu me levantasse gritando "Badabum!"? E se eu trepasse na coluna a fim de fazer pipi na pia de água benta? Estas terríveis evocações infundirão maior valor, dentro em pouco, às felicitações de minha mãe. Mas minto a mim mesmo; finjo estar em perigo a fim de aumentar a minha glória: em instante algum as tentações foram vertiginosas; na verdade, receio bastante o escândalo; se pretendo espantar, é por minhas virtudes. Estas vitórias fáceis me persuadem de que possuo boa índole; basta que eu me largue ao seu sabor para ser cumulado de elogios. Os maus desejos e os maus pensamentos, quando os há, vêm de fora; tão logo entram em mim, enlanguescem e se enfraquecem: sou mau terreno para o mal. Virtuoso por comédia, nunca me esforço nem me obrigo: invento. Disponho da liberdade principesca do ator que mantém seu público com a respiração suspensa e rebusca seu papel; adoram-me, portanto sou adorável. Nada mais simples, se o mundo é bem-feito. Dizem-me que sou belo, e acredito. Há algum tempo, trago no olho direito a belida que me deixará zarolho e vesgo, mas por ora nada aparece. Tiram de mim centenas de fotos que minha mãe retoca a lápis de cor. Numa delas, que se conservou, sou rosado e louro, com cabelos cacheados, tenho as maçãs redondas e, no olhar, uma afável deferência para com a ordem estabelecida; a boca está inflada de hipócrita arrogância: sei o que valho.

Não basta que minha índole seja boa; cumpre que seja profética: a verdade sai da boca das crianças. Muito próximas ainda da natureza, são primas do vento e do mar: seus balbucios oferecem, a quem sabe ouvi-los, amplos e vagos ensinamentos. Meu avô atravessara o lago de Genebra com Henri Bergson: "Eu estava doido de entusiasmo", dizia ele, "não tinha olhos suficientes para contemplar as cristas cintilantes, para acompanhar os reflexos da água. Mas Bergson, sentado sobre uma maleta, não desviou o olhar de entre os pés". Concluía deste incidente de viagem que a meditação poética é preferível à filosofia. Ele meditou a meu respeito: no jardim, sentado num transatlântico, com um copo de cerveja ao alcance da mão, observava-me correr e saltar, procurava uma sabedoria em minhas palavras confusas e a encontrava. Ri mais tarde daquela loucura; lamento: era o trabalho da morte. Charles combatia a angústia pelo êxtase. Admirava em mim a obra admirável da Terra de modo a persuadir-se de que tudo é bom, até mesmo o nosso miserável fim. Aquela natureza que se preparava para reavê-lo, ele ia procurá-la nos cimos, nas vagas, em meio às estrelas, na fonte de minha jovem vida, a fim de poder abraçá-la por inteiro e de aceitar tudo dela, até a fossa que nela se lhe cavava. Não era a Verdade, era a *sua* morte que lhe falava através de minha boca. Nada há de espantoso, pois, se a insípida ventura de meus primeiros anos apresentou por vezes um sabor fúnebre: eu devia minha liberdade a um óbito oportuno, minha importância a um fim muito esperado. Mas como: todas as pítias são mortes, não há quem não saiba disso; todas as crianças são espelhos da morte.

Além disso, meu avô se compraz em amolar os filhos. Aquele pai terrível passou a vida a esmagá-los; eles entram na ponta dos pés e o surpreendem aos joelhos de um pirralho: é de partir o coração! Na luta das gerações, crianças e velhos fazem amiúde causa comum: os primeiros proferem os oráculos e os segundos os decifram. A Natureza fala e a experiência traduz: aos adultos só resta calar a boca. À falta de uma criança, tome-se um canicho: no ano passado, no cemitério de cachorros, no trêmulo discurso que se desenrola de túmulo em túmulo, reconheci as máximas de meu avô: os cães sabem amar; são mais ternos do que os homens, mais fiéis; possuem tato, um instinto sem jaça que lhes permite reconhecer o Bem, distinguir os bons dos maus. "Polônio", dizia uma inconsolada, "és melhor do que eu: tu não me terias sobrevivido; eu te sobrevivo". Um amigo americano me acompanhava:

indignado, desferiu um pontapé num cão de cimento e quebrou-lhe a orelha. Tinha razão: quando se ama *demais* as crianças e os animais, a gente os ama contra os homens.

 Portanto, sou um canicho do futuro; profetizo. Digo coisas de criança, elas são retidas, e me são repetidas; aprendo a delas fazer outras. Digo coisas de homem: sei proferir, sem tomar ares, palavras "acima de minha idade". Estas palavras são poemas; a receita é simples: cumpre fiar-se no Diabo, no acaso, no vazio, tomar emprestadas frases inteiras aos adultos, reuni-las e repeti-las sem compreendê-las. Em suma, pronuncio verdadeiros oráculos e cada qual os entende como quer. O Bem nasce do fundo de meu coração, a Verdade nas jovens trevas de meu Entendimento. Admiro-me, com confiança: ocorre que meus gestos e minhas palavras gozam de uma qualidade que me escapa e que salta aos olhos dos adultos; pouco importa, oferecer-lhes-ei sem desfalecimento o delicado prazer que me é recusado. Minhas palhaçadas assumem aparências de generosidade; pobres criaturas se desolavam por não terem filho; enternecido, tirei-me do nada num transporte de altruísmo e vesti a fantasia da infância para lhes dar a ilusão de terem um filho. Minha mãe e minha avó convidam-me frequentemente a repetir o ato de eminente bondade que me deu à luz; lisonjeiam as manias de Charles Schweitzer, seu gosto pelos lances teatrais, poupam-lhe as surpresas. Escondem-me atrás de um móvel, prendo a respiração, as mulheres abandonam o aposento ou fazem de conta que me esqueceram, eu me aniquilo; meu avô entra no cômodo, cansado e abatido, tal como estaria se eu não existisse; de repente, saio de meu esconderijo, concedo-lhe a graça de nascer, ele me percebe, entra no jogo, muda de fisionomia e estende os braços para o céu: eu o cumulo de felicidade com minha presença. Em uma palavra, eu me dou; dou-me sempre e em toda parte, dou tudo: basta-me empurrar uma porta para que também eu tenha a sensação de fazer uma aparição. Coloco os meus cubos uns sobre os outros, desfaço minhas massas de areia, chamo a grandes gritos; surge alguém que exclama admirado; fiz mais um feliz. A refeição, o sono e as precauções contra as intempéries constituem as festas principais e as principais obrigações de uma vida toda cerimoniosa. Como em público, qual um rei; se como *bem*, me congratulam; minha avó mesma declara: "Só ajuizado como ele para ter essa fome!"

 Não cesso de me criar; sou o doador e a doação. Se meu pai vivesse, eu conheceria meus direitos e meus deveres; está morto e eu os ignoro:

não tenho direitos, pois o amor me cumula; não tenho dever, pois dou por amor. Um só mandato: agradar, tudo para a vitrine. Em nossa família, que dissipação de generosidade: meu avô me faz viver e eu lhe faço a felicidade; minha mãe se devota a todos. Quando penso nisso, hoje, só este devotamento me parece verdadeiro: mas nós tendíamos a passar por ele em silêncio. Não importa: nossa vida é apenas uma série de cerimônias e consumimos o nosso tempo em nos sobrecarregar de homenagens. Respeito os adultos com a condição de que me idolatrem; sou franco, aberto, suave como uma menina. Penso direito, inspiro confiança às pessoas: todo mundo é bom porque todo mundo está contente. Considero a sociedade como uma rigorosa hierarquia de méritos e poderes. Os que ocupam o topo da escala dão tudo quanto possuem aos que se encontram embaixo. Não cuido, no entanto, de me situar no mais alto escalão: não ignoro que o reservam a pessoas severas e bem-intencionadas que fazem reinar a ordem. Mantenho-me em um pequeno poleiro marginal, não longe dessas pessoas, e minha radiação se estende de cima para baixo da escala. Em suma, envido todos os esforços para me afastar do poder secular: nem abaixo, nem acima, aliás. Neto de *clerc*[1], sou, desde a infância, um *clerc*: tenho a unção dos príncipes da Igreja, uma jovialidade sacerdotal. Trato os inferiores como iguais: é uma piedosa mentira que lhes prego a fim de torná-los felizes e com a qual convém que sejam enganados até certo ponto. Com minha empregada, com o carteiro, com minha cadela, falo em voz paciente e temperada. Neste mundo em ordem existem pobres. Existem também carneiros de cinco patas, irmãs siamesas, acidentes de estrada de ferro: tais anomalias não são culpa de ninguém. Os bons pobres não sabem que a sua função é exercitar nossa generosidade; são pobres envergonhados; passam resvalando pelas paredes; saio correndo, transfiro-lhes rapidamente uma moeda de dois soldos e, acima de tudo, dou-lhes de presente um belo sorriso igualitário. Acho que têm um ar estúpido e não gosto de tocá-los, mas me forço a fazê-lo: é uma prova; além disso, cumpre que gostem de mim; esse amor embelezar-lhes-á a vida. Sei que carecem do necessário e me apraz ser-lhes o supérfluo. Aliás, qualquer que seja a sua miséria, jamais poderão sofrer tanto quanto o meu avô: quando ele era pequeno acordava de madrugada e vestia-se no escuro; no inverno, para se lavar, precisava quebrar o gelo

---

[1] Usado com o duplo sentido de letrado e clérigo. (N.T.)

no balde d'água. Felizmente, as coisas melhoraram depois: meu avô crê no Progresso, eu também: o Progresso, este longo e árduo caminho que leva até mim.

Era o Paraíso. Toda manhã, eu despertava em meio a um estupor de alegria, admirando a louca sorte que me fizera nascer na mais unida das famílias, no mais belo país do mundo. Os descontentes escandalizavam-me: do que haviam de queixar-se? Eram revoltosos. Minha avó, em particular, me causava as mais vivas inquietações: eu tinha a dor de constatar que ela não me admirava suficientemente. De fato, Louise me entendera. Censurava abertamente em mim o cabotinismo que não ousava reprovar no marido: eu era um polichinelo, um truão, um careteiro, ela me mandava parar com meus "fingimentos". Eu ficava tanto mais indignado quanto desconfiava que ela troçava também de meu avô: era "o eterno Espírito de contradição". Eu lhe *respondia*, ela exigia desculpas; certo de ser amparado, eu me recusava a dá-las. Meu avô agarrava no ato o ensejo de mostrar sua fraqueza: tomava o meu partido contra a sua mulher, que se levantava, ofendida, para ir fechar-se no seu quarto. Inquieta, temendo os rancores de minha avó, minha mãe falava baixinho, não dava, humildemente, razão ao pai, que encolhia os ombros e se retirava para o seu gabinete de trabalho; ela me suplicava, enfim, que fosse pedir perdão. Eu gozava de meu poder: era são Miguel e abatera o Espírito maligno. Por fim, ia escusar-me negligentemente. Afora isso, é claro, eu a adorava; *posto que* era minha avó. Sugeriram-me chamá-la Mamie e chamar o chefe da família por seu prenome alsaciano, Karl. Karl e Mamie, isso soava melhor do que Romeu e Julieta, do que Filêmon e Báucide. Minha mãe me repetia cem vezes por dia, não sem propósito: "Karlemami nos esperam; Karlemami ficarão contentes; Karlemami...", evocando, pela íntima união dessas quatro sílabas, o perfeito acordo das pessoas. Eu era só meio trouxa, mas dava um jeito de parecê-lo inteiramente: primeiro a meus próprios olhos. A palavra projetava sua sombra sobre a coisa; através de Karlemami, eu podia manter a unidade sem falha da família e verter sobre a cabeça de Louise boa parte dos méritos de Charles. Suspeita e pecaminosa, minha avó, sempre à beira da queda, era sustentada pelo braço dos anjos, pelo poder de uma palavra.

Há verdadeiros malvados: os prussianos, que nos tomaram a Alsácia-Lorena e todos os nossos relógios, salvo o de mármore preto que orna a lareira de meu avô e que lhe foi oferecido, justamente, por um grupo de alunos alemães; cabe perguntar onde é que o roubaram. Compram-me livros de Hansi, mostram-me as figuras: não sinto qualquer antipatia por esses homenzarrões de açúcar rosado que se assemelham tanto a meus tios alsacianos. Meu avô, que optou pela França em 1871, vai de vez em quando a Gunsbach, a Pfaffenhofen, visitar os que lá ficaram. Vou junto. Nos trens, quando um inspetor alemão lhe pede as passagens, nos cafés, quando um garçom demora em atendê-lo, Charles Schweitzer fica vermelho de raiva patriótica; as duas mulheres se agarram a seus braços: "Charles! Onde é que você está com a cabeça? Vão nos expulsar e então estaremos bem-arrumados!" Meu avô alteia o tom: "Quero só ver se são capazes de me expulsar: estou em minha casa!" Empurram-me para suas pernas, eu o olho com um ar súplice, ele se acalma: "Está bem, por causa do garoto", suspira, passando a mão na minha cabeça com os seus dedos secos. Tais cenas me indispõem contra ele, sem me indignar contra os ocupantes. De resto, Charles não deixa de exaltar-se, em Gunsbach, com a sua cunhada; várias vezes por semana, atira o guardanapo sobre a mesa e deixa a sala, batendo a porta: no entanto ela não é alemã. Após a refeição, vamos gemer e soluçar a seus pés; ele nos opõe uma cara estanhada. Como deixar de subscrever o julgamento da minha avó "A Alsácia não vale nada para ele; então não deveria voltar lá com tanta frequência"? Aliás, não aprecio tanto os alsacianos, que me tratam sem respeito, e não me sinto tão desgostoso que no-los tenham tirado. Parece que vou com demasiada frequência à loja do merceeiro de Pfaffenhofen, sr. Blumenfeld, que eu o incomodo por qualquer ninharia. Minha tia Caroline "faz ponderações" a minha mãe; elas me são comunicadas; por uma vez, Louise e eu somos cúmplices: ela detesta a família do marido. Em Estrasburgo, de um quarto de hotel onde estamos reunidos, ouço sons estridentes e lunares, corro à janela: o Exército! Fico todo feliz em ver desfilar a Prússia ao toque dessa música pueril; bato palmas. Meu avô permaneceu na cadeira, resmunga; minha mãe vem sussurrar-me ao ouvido que devo sair da janela. Obedeço um tanto amuado. Detesto os alemães, por Deus!, mas sem convicção. De resto, Charles só pode permitir-se uma pontinha delicada de chauvinismo: em 1911, deixamos Meudon para nos instalar em Paris, rua Le Goff, n° 1; devia aposentar-se, mas acaba de fundar, para nos manter, o Institut des Langues Vivantes: ensina-se aí francês a estrangeiros de passagem. Pelo método direto. Os alunos, na maioria, provêm da Alemanha. Pagam bem: meu avô mete os luíses de ouro no bolso do paletó sem jamais contá-los; minha avó, insone, introduz-se furtivamente, à noite, no vestíbulo, a fim de cobrar o seu dízimo "às escondidas", como ela mesma diz à filha: numa palavra, o inimigo nos sustenta; uma guerra franco-alemã nos devolveria a Alsácia e arruinaria o Institut: Charles é pela manutenção da Paz. Além disso, há bons alemães, que vêm almoçar em casa: uma romancista rubicunda e cabeluda que Louise apelida com uma risota enciumada: "A Dulcineia de Charles"; um doutor calvo que empurra minha mãe contra as portas e tenta beijá-la; quando ela se queixa timidamente, meu avô explode: "Você me indispõe com todo mundo!" Ele dá de ombros e conclui: "Você viu fantasmas, minha filha", e é ela que se sente culpada. Todos esses convidados compreendem que é necessário extasiar-se com meus méritos; mexem comigo docilmente: quer dizer então que possuem, a despeito de suas origens, uma obscura noção do Bem. Na festa de aniversário da fundação do Institut, há mais de cem convivas, aperitivo de champanhe, minha mãe e a srta. Moutet tocam Bach a quatro mãos; em vestido de musselina azul, com estrelinhas nos cabelos, com asas, vou de convidado a convidado oferecer tangerinas num cesto; as pessoas exclamam: "É *realmente* um anjo!" Convenhamos, não são criaturas tão más assim. Naturalmente, não renunciamos a vingar a Alsácia mártir: em família, em voz baixa, como fazem os primos de Gunsbach e de Pfaffenhofen, liquidamos os boches pelo ridículo; a gente ri cem vezes por noite, sem se cansar, daquele estudante que acaba de escrever numa versão francesa: "Charlotte estava perclusa de dores sobre o túmulo de Werther"; daquele jovem professor que, durante um jantar, considerou com desconfiança a sua fatia de melão e acabou comendo-a por inteiro, com casca e sementes. Tais equívocos me inclinam à indulgência: os alemães são seres inferiores que têm a sorte de serem nossos vizinhos; nós lhes daremos nossas luzes.

Um beijo sem bigode, dizia-se então, é como um ovo sem sal; acrescento: é como o Bem sem o Mal, como minha vida entre 1905 e 1914. Se a gente só se define opondo-se, eu era o indefinido em carne e osso; se o amor e o ódio são o verso e o reverso da mesma medalha, eu não amava nada nem ninguém. Era bem-feito: não se pode querer ao mesmo tempo odiar e agradar. Tampouco agradar e amar.

Sou pois um Narciso? Nem isso: preocupado demais em seduzir, esqueço a mim mesmo. Afinal de contas, não me diverte tanto fazer meleiras, garatujas e minhas necessidades naturais: para lhes infundir valor a meus olhos, é mister que ao menos um adulto se extasie com meus produtos. Felizmente, os aplausos não faltam: escutem eles minha tagarelice ou a *Art de la Fugue*, os adultos esboçam o mesmo sorriso de degustação maliciosa e de conivência; isso mostra o que sou no fundo: um bem cultural. A cultura me impregna e eu a devolvo à família por radiação, como os lagos, à noite, devolvem o calor do dia.

Comecei minha vida como hei de acabá-la, sem dúvida: no meio dos livros. No gabinete de meu avô, havia-os por toda parte; era proibido espaná-los, exceto uma vez por ano antes do reinício das aulas em outubro. Eu ainda não sabia ler e já reverenciava essas pedras erigidas: em pé ou inclinadas, apertadas como tijolos nas prateleiras da biblioteca ou nobremente espacejadas em aleias de menires, eu sentia que a prosperidade de nossa família dependia delas. Elas se pareciam todas; eu folgava num minúsculo santuário, circundado de monumentos atarracados, antigos, que me haviam visto nascer, que me veriam morrer e cuja permanência me garantia um futuro tão calmo como o passado. Eu os tocava às escondidas para honrar minhas mãos com sua poeira, mas não sabia bem o que fazer com eles e assistia todos os dias a cerimônias cujo sentido me escapava: meu avô — tão canhestro, habitualmente, que minha mãe lhe abotoava as luvas — manejava esses objetos culturais com destreza de oficiante. Eu o vi milhares de vezes levantar-se com ar ausente, contornar a mesa, atravessar o aposento com duas pernadas, apanhar um volume sem hesitar, sem se dar o tempo de escolher, folheá-lo, enquanto voltava à poltrona, com um movimento combinado do polegar e do indicador, e depois, tão logo sentado, abri-lo com um golpe seco "na página certa", fazendo-o estalar como um sapato. Às vezes eu me aproximava a fim de observar aquelas caixas que se fendiam como ostras e descobria a nudez de seus órgãos interiores, folhas amarelecidas e emboloradas, ligeiramente intumescidas, cobertas de vênulas negras, que bebiam tinta e recendiam a cogumelo.

No quarto da minha avó, os livros ficavam deitados; ela tomava-os de empréstimo a uma biblioteca ambulante e nunca cheguei a ver mais do que dois ao mesmo tempo. Tais bagatelas me lembravam os confeitos de Ano-novo, porque suas folhas flexíveis e brilhantes pareciam cortadas em papel glacê. Vivas, brancas, quase novas, serviam de pretexto a mistérios ligeiros. Toda sexta-feira, minha avó vestia-se para sair e dizia: "Vou devolvê-*los*"; de regresso, depois de desembaraçar-se do chapéu negro e do veuzinho, ela *os* tirava do regalo e eu me perguntava, mistificado: "Serão os mesmos?" Ela os "cobria" cuidadosamente e, após escolher um deles, instalava-se perto da janela, na sua *bergère* de orelheiras, punha os óculos, suspirava de ventura e lassitude, baixava as pálpebras com um fino sorriso voluptuoso que vim a encontrar depois nos lábios da Gioconda; minha mãe se calava, convidava-me a calar-me também; eu pensava na missa, na morte, no sono: enchia-me de um silêncio sagrado. De vez em quando, Louise dava uma risadinha; chamava a filha, indicava com o dedo uma linha e as duas mulheres trocavam um olhar cúmplice. Todavia, eu não apreciava aquelas brochuras demasiado distintas, eram intrusas, e meu avô não escondia que elas eram objeto de um culto menor, exclusivamente feminino. No domingo, à falta do que fazer, entrava no quarto de sua mulher e plantava-se diante dela sem achar nada para lhe dizer; todo mundo o observava, ele tamborilava os dedos na vidraça e, não sabendo o que inventar, voltava-se para Louise e arrancava-lhe das mãos o seu romance: "Charles!", gritava ela furiosa, "você vai desmarcar a página!". Já, com as sobrancelhas altas, ele lia; subitamente seu indicador golpeava a brochura: "Não entendo patavina!" "Mas como é que você quer compreender?", replicava minha avó: "se você está lendo pelo meio!". Afinal ele atirava o livro sobre a mesa e ia-se embora dando de ombros.

Ele certamente tinha razão, pois era do ofício. Eu sabia disso: ele me mostrara, numa prateleira da biblioteca, grandes volumes cartonados e recobertos de pano escuro. "Estes aí, menino, foi teu avô que fez." Que orgulho! Eu era neto de um artesão especializado na confecção de objetos sagrados, tão respeitável quanto um fabricante de órgãos, quanto um alfaiate de eclesiástico. Eu o vi em ação: todo ano, era reeditado o *Deutsches Lesebuch*. Nas férias, a família inteira aguardava as provas com impaciência: Charles não suportava a inatividade, zangava-se para passar o tempo. O carteiro trazia enfim os grandes pacotes macios, o barbante era cortado com a tesoura; meu avô desenrolava as tiras, espalhava-as sobre a mesa da sala de jantar e cobria-as de riscos vermelhos; a cada erro de composição, blasfemava entre os dentes, mas não gritava mais, salvo quando a criada pretendia pôr a mesa. Todo mundo ficava contente. Em pé sobre uma cadeira, eu contemplava em êxtase aquelas linhas negras estriadas de sangue. Charles Schweitzer me ensinou que existia um inimigo mortal, seu Editor. Meu avô nunca soubera fazer contas: pródigo por desleixo, generoso por ostentação, acabou por cair, muito mais tarde, nessa doença dos octogenários, que é a avareza, efeito da impotência e do medo de morrer. Naquela época, ela se prenunciava apenas numa estranha desconfiança: quando recebia, por ordem postal, o montante de seus direitos autorais, erguia os braços para o céu gritando que lhe estavam cortando a garganta, ou então entrava no aposento de minha avó e declarava sombriamente: "Meu editor me assalta como numa floresta." Eu descobria, estupefato, a exploração do homem pelo homem. Sem essa abominação, felizmente circunscrita, o mundo, no entanto, apresentar-se-ia bem-feito: os patrões davam de acordo com suas capacidades aos operários de acordo com seus méritos. Por que era preciso que os editores, esses vampiros, o descompusessem, bebendo o sangue de meu pobre avô? Meu respeito cresceu por aquele santo homem cujo devotamento não obtinha recompensa: fui preparado desde cedo a tratar o magistério como um sacerdócio e a literatura como uma paixão.

Eu ainda não sabia ler, mas já era bastante esnobe para exigir os *meus livros*. Meu avô foi ao patife de seu editor e conseguiu de presente *Les Contes* do poeta Maurice Bouchor, narrativas extraídas do folclore e adaptadas ao gosto da infância por um homem que conservava, dizia ele, olhos de criança. Eu quis começar na mesma hora as cerimônias de apropriação. Peguei os dois volumezinhos, cheirei-os, apalpei-os, abri-os negligentemente na "página certa", fazendo-os estalar. Debalde: eu não tinha a sensação de possuí-los. Tentei sem maior êxito tratá-los como bonecas, acalentá-los, beijá-los, surrá-los. Quase em lágrimas, acabei por depô-los sobre os joelhos de minha mãe. Ela levantou os olhos de seu trabalho: "O que queres que eu te leia, querido? As Fadas?" Perguntei incrédulo: "As Fadas estão *aí dentro*?" A história me era familiar: minha mãe contava-a com frequência, enquanto me lavava, interrompendo-se para me friccionar com água-de-colônia, para apanhar debaixo da banheira o sabão que lhe escorregara das mãos, e eu ouvia distraidamente o relato bem conhecido; eu só tinha olhos para Anne-Marie, a moça de todas as minhas manhãs; eu só tinha ouvidos para a sua voz perturbada pela servidão; eu me comprazia com suas frases inacabadas, com suas palavras sempre atrasadas, com sua brusca segurança, vivamente desfeita, e que descambava em derrota, para desaparecer em melodioso desfiamento e se recompor após um silêncio. A história era coisa que vinha por acréscimo: era o elo de seus solilóquios. Durante o tempo todo em que falava, ficávamos sós e clandestinos, longe dos homens, dos deuses e dos sacerdotes, duas corças no bosque, com outras corças, as Fadas; eu não conseguia acreditar que se houvesse composto um livro a fim de incluir nele este episódio de nossa vida profana, que recendia a sabão e a água-de-colônia.

 Anne-Marie fez-me sentar à sua frente, em minha cadeirinha; inclinou-se, baixou as pálpebras e adormeceu. Daquele rosto de estátua saiu uma voz de gesso. Perdi a cabeça: quem estava contando? o quê? e a quem? Minha mãe ausentara-se: nenhum sorriso, nenhum sinal de conivência, eu estava no exílio. Além disso, eu não reconhecia sua linguagem. Onde é que arranjava aquela segurança? Ao cabo de um instante, compreendi: era o livro que falava. Dele saíam frases que me causavam medo: eram verdadeiras centopeias, formigavam de sílabas e letras, estiravam seus ditongos, faziam vibrar as consoantes duplas: cantantes, nasais, entrecortadas de pausas e suspiros, ricas em palavras desconhecidas, encantavam-se por si próprias e com seus meandros, sem se preocupar comigo: às vezes desapareciam antes que eu pudesse compreendê-las, outras vezes eu compreendia de antemão e elas continuavam a rolar nobremente para o seu fim sem me conceder a graça de uma vírgula. Seguramente, o discurso não me era destinado. Quanto à história, endomingara-se: o lenhador, a lenhadora e suas filhas, a fada, todas essas criaturinhas, nossos semelhantes, tinham adquirido majestade, falava-se de seus farrapos com magnificência; as palavras largavam a sua cor sobre as coisas, transformando as ações em ritos e os acontecimentos em cerimônias. Alguém se pôs a fazer perguntas: o editor de meu avô, especializado na publicação de obras escolares, não perdia ocasião de exercitar a jovem inteligência de seus leitores. Pareceu-me que uma criança era interrogada: no lugar do lenhador, o que faria? Qual das duas irmãs preferiria? Por quê? Aprovava o castigo de Babette? Mas essa criança não era absolutamente eu, e fiquei com medo de responder. Respondi no entanto: minha débil voz perdeu-se e senti tornar-me outro. Anne-Marie, também, era outra, com seu ar de cega superlúcida: parecia-me que eu era filho de todas as mães, que ela era a mãe de todos os filhos. Quando parou de ler, retomei-lhe vivamente os livros e saí com eles debaixo do braço sem dizer-lhe obrigado.

 Com o tempo senti prazer naquele deflagrador que me arrancava de mim mesmo: Maurice Bouchor se debruçava sobre a infância com a solicitude universal que os chefes de seção dedicam aos clientes dos grandes magazines; isso me lisonjeava. Aos relatos improvisados passei a preferir os relatos pré-fabricados; tornei-me sensível à sucessão rigorosa das palavras: a cada leitura voltavam, sempre as mesmas e na mesma ordem, eu as esperava. Nos contos de Anne-Marie, os personagens viviam ao deus-dará como ela própria fazia: adquiriram destinos. Eu estava na Missa: assistia ao eterno retorno dos nomes e dos eventos.

Tive então ciúmes de minha mãe e resolvi tomar-lhe o papel. Apossei-me de um livro intitulado *Tribulações de um chinês na China* e o transportei para um quarto de despejo; aí, empoleirado sobre uma cama de armar, fiz de conta que estava lendo: seguia com os olhos as linhas negras sem saltar uma única e me contava uma história em voz alta, tomando o cuidado de pronunciar todas as sílabas. Surpreenderam-me — ou melhor, fiz com que me surpreendessem —, gritaram admirados e decidiram que era tempo de me ensinar o alfabeto. Fui zeloso como um catecúmeno; ia a ponto de dar a mim mesmo aulas particulares: eu montava na minha cama de armar com o *Sem família* de Hector Malot, que conhecia de cor e, em parte recitando, em parte decifrando, percorri-lhe todas as páginas, uma após outra: quando a última foi virada, eu sabia ler.

Fiquei louco de alegria: eram minhas aquelas vozes secas em seus pequenos herbários, aquelas vozes que meu avô reanimava com o olhar, que ele ouvia e eu não! Eu iria escutá-las, encher-me-ia de discursos cerimoniosos e saberia tudo. Deixavam-me vagabundear pela biblioteca e eu assaltava a sabedoria humana. Foi ela quem me fez. Mais tarde, ouvi centenas de vezes os antissemitas censurarem os judeus por ignorarem as lições e os silêncios da natureza; eu replicava: "Neste caso, sou mais judeu do que eles." As densas lembranças, e a suave sem-razão das crianças do campo, em vão procurá-las-ia, eu, em mim. Nunca esgaravatei a terra nem farejei ninhos, não herborizei nem joguei pedras nos passarinhos. Mas os livros foram meus passarinhos e meus ninhos, meus animais domésticos, meu estábulo e meu campo; a biblioteca era o mundo colhido num espelho; tinha a sua espessura infinita, a sua variedade e a sua imprevisibilidade. Eu me lançava a incríveis aventuras: era preciso escalar as cadeiras, as mesas, com o risco de provocar avalanches que me teriam sepultado. As obras da prateleira superior ficaram por muito tempo fora de meu alcance; outras, mal as descobri, me foram arrebatadas das mãos; outras, ainda, escondiam-se: eu as apanhara um dia, começara a lê-las, acreditava tê-las reposto no lugar, mas levava uma semana para reencontrá-las. Tive encontros horríveis: abria um álbum, topava com uma prancha em cores, insetos horríveis pululavam sob minha vista. Deitado sobre o tapete, empreendi áridas viagens através de Fontenelle, Aristófanes, Rabelais: as frases resistiam-me à maneira das coisas; cumpria observá-las, rodeá-las, fingir que me afastava e retornar subitamente a elas de modo a surpreendê-las desprevenidas: na maioria das vezes, guardavam o seu segredo. Eu era La Pérouse, Magalhães, Vasco da Gama; descobria estranhos indígenas: "Héautontimorouménos" numa tradução de Terêncio em alexandrinos, "idiossincrasia" num livro de literatura comparada. Apócope, Quiasmo, Parangona e cem outros cafres impenetráveis e distantes surgiam ao virar uma página e a sua simples aparição deslocava todo o parágrafo. Estas palavras duras e negras, só vim a conhecer-lhes o sentido dez ou quinze anos mais tarde e, ainda hoje, conservam sua opacidade: é o humo de minha memória.

A biblioteca quase só abrangia grandes clássicos da França e da Alemanha. Havia gramáticas também, alguns romances célebres, os *Contos escolhidos* de Maupassant, obras sobre arte — um *Rubens*, um *Van Dyck*, um *Dürer*, um *Rembrandt* — que os alunos de meu avô lhe haviam ofertado por ocasião de um Ano-novo. Magro universo. Mas o *Grand Larousse* substituía para mim tudo; eu pegava um tomo ao acaso, atrás da escrivaninha, na penúltima prateleira. A-Bello, Belloc-Ch ou Ci-D, Mele-Po ou Pr-Z (estas associações de sílabas estavam convertidas em nomes próprios que designavam os setores do saber universal: havia a região Ci-D, a região Pr-Z, com sua fauna e sua flora, suas cidades, seus grandes homens e suas batalhas); eu o depositava penosamente sobre a pasta da mesa de meu avô, abria-o, desaninhava dele os verdadeiros pássaros, procedia à caça às verdadeiras borboletas pousadas em verdadeiras flores. Homens e animais se encontravam lá, *em pessoa*: as gravuras eram seus corpos, o texto sua alma, sua essência singular; fora dos muros, eram encontrados vagos esboços que se aproximavam mais ou menos dos arquétipos sem atingir a sua perfeição: no Jardin d'Acclimatation, os macacos eram menos macacos; no Jardin du Luxembourg, os homens eram menos homens. Platônico por condição, eu ia do saber ao seu objeto; achava na ideia mais realidade que na coisa, porque a ideia aparecia para mim primeiro, e porque ela aparecia como coisa. Foi nos livros que encontrei o universo: assimilado, classificado, rotulado, pensado e ainda temível; confundi a desordem de minhas experiências livrescas com o curso aventuroso dos acontecimentos reais. Daí veio esse idealismo de que gastei trinta anos para me desfazer.

A vida cotidiana era límpida: frequentávamos pessoas assentadas que falavam alto e bom som, que baseavam suas certezas em sadios princípios, na Sabedoria das Nações, e não se dignavam a distinguir-se do comum a não ser por um certo maneirismo da alma ao qual eu estava perfeitamente habituado. Apenas emitidas, suas opiniões me convenciam por uma evidência cristalina e simplória; se queriam justificar sua conduta, forneciam razões tão enfadonhas que só podiam ser verdadeiras; seus casos de consciência, complacentemente expostos, me perturbavam menos do que me edificavam: eram falsos conflitos de antemão resolvidos, sempre os mesmos; suas faltas, quando as reconheciam, quase não pesavam: a precipitação, certa irritação legítima, mas sem dúvida exagerada, alterara-lhes o juízo; por felicidade, haviam percebido a tempo; os erros dos ausentes, mais graves, nunca eram imperdoáveis: jamais se detratava alguém, entre nós, mas constatavam-se, na aflição, os defeitos de um caráter. Eu escutava, compreendia, aprovava, achava tais palavras tranquilizadoras e não estava errado, já que se destinavam a tranquilizar: nada é irremediável e, no fundo, nada se mexe, as vãs agitações de superfície não devem ocultar-nos a calma mortuária que é nosso quinhão.

Nossos visitantes despediam-se, eu ficava só, evadia-me deste cemitério banal, ia juntar-me à vida, à loucura nos livros. Bastava-me abrir um deles para redescobrir esse pensamento inumano, inquieto, cujas pompas e trevas ultrapassavam meu entendimento, que saltava de uma ideia a outra, tão depressa que eu largava a presa cem vezes por página, deixando-a escapulir, aturdido, perdido. Eu assistia a acontecimentos que meu avô julgaria certamente inverossímeis e que, não obstante, possuíam a deslumbrante verdade das coisas escritas. Os personagens surgiam sem o menor aviso, amavam-se, indispunham-se, esganavam-se uns aos outros: o sobrevivente consumia-se de tristeza, juntava-se no túmulo ao amigo, à terna amante que acabava de assassinar. O que se havia de fazer? Estava eu destinado, como as pessoas grandes, a inculpar, a felicitar, a absorver? Mas esses excêntricos não pareciam absolutamente guiar-se por nossos princípios, e seus motivos, mesmo quando eram apresentados, me escapavam. Bruto mata o filho, Mateo Falcone faz o mesmo. Tal prática parecia bastante corriqueira. Ao redor de mim, no entanto, ninguém recorrera a ela. Em Meudon, meu avô brigava com meu tio Émile, e eu ouvira seus gritos no jardim: não parecia, entretanto, que houvesse pensado em abatê-lo. Como julgava ele os pais infanticidas? Quanto a mim, eu me abstinha: meus dias não corriam perigo, pois eu era órfão e aqueles homicídios de aparato me divertiam um pouco; mas, nos relatos que deles eram feitos, sentia uma aprovação que me desorientava. Horácio, por exemplo; eu era obrigado a conter-me a custo para não cuspir na gravura que o mostrava de capacete, com a espada nua, correndo atrás da pobre Camila. Karl cantarolava às vezes:

On n'peut pas êt' plus proch' parents
Que frère et sœur assurément...[2]

Isso me perturbava: se me houvessem dado, por sorte, uma irmã, ela me seria mais próxima do que Anne-Marie? Do que Karlemami? Então seria minha amante. Amante não passava ainda de um termo tenebroso com que eu deparava às vezes nas tragédias de Corneille. Os amantes se beijam e se prometem mutuamente dormir na mesma cama. (Estranho costume: por que não em camas geminadas como minha mãe e eu fazíamos?) Eu nada mais sabia; porém, sob a superfície luminosa da ideia, pressentia certa massa felpuda. Em todo caso, irmão, eu seria incestuoso. Eu sonhava com isso. Derivação? Camuflagem de sentimentos proibidos? É bem possível. Eu tinha uma irmã mais velha, minha mãe, e aspirava a ter uma irmã caçula. Ainda hoje — 1963 — é realmente o único laço de parentesco que me comove.[3] Cometi o grave erro de procurar muitas vezes entre as mulheres essa irmã que não sobreveio: denegado, fui condenado às custas. Isso não impede que ressuscite, ao escrever estas linhas, a cólera de que fui tomado contra os assassinos de Camila; ela é tão fresca e tão viva que me pergunto se o

---

[2] "Não se pode ser parente mais próximo/ Que irmão e irmã certamente..."(N.T.)
[3] Por volta dos dez anos, eu me deleitava lendo *Les Transatlantiques*: apareciam aí um pequeno americano e sua irmã, muito inocentes, aliás. Eu me encarnava no menino e amava, através dele, Biddy, a garotinha. Sonhei durante muito tempo em escrever um conto sobre duas crianças perdidas e discretamente incestuosas. Encontrar-se-iam em meus escritos vestígios desse fantasma: Orestes e Electra em *As moscas*; Boris e Ivich em *Os Caminhos da Liberdade*; Frantz e Leni em *Os sequestradores de Altona*. Este casal é o único a passar aos atos. O que me seduzia nesse laço de família era menos a tentação amorosa do que a proibição de fazer amor: fogo e gelo, delícias e frustração misturados, o incesto me aprazia caso permanecesse platônico.

crime de Horácio não constitui uma das fontes de meu antimilitarismo: os militares matam suas irmãs. Eu teria mostrado, eu, àquele soldadão! Para começo de conversa, ao poste! E 12 balas no couro! Eu virava a página; caracteres tipográficos me demonstravam o meu engano: era preciso *absolver* o sororicida. Por alguns instantes, eu bufava, batia o casco, como um touro iludido pelo engodo. Depois, apressava-me a jogar cinzas sobre a minha fúria. Era assim mesmo; eu devia tirar daí minha vantagem; eu era demasiado jovem. Tomara tudo às avessas; a necessidade da absolvição estava justamente estabelecida pelos numerosos alexandrinos que me haviam permanecido herméticos ou que eu saltara por impaciência. Eu gostava dessa incerteza e de que a história me escapasse por todo lado; isso me desorientava. Reli vinte vezes as derradeiras páginas de *Madame Bovary*; ao fim, sabia parágrafos inteiros de cor, sem que a conduta do pobre viúvo se me tornasse clara: ele encontrava cartas; era razão suficiente para deixar crescer a barba? Lançava um olhar sombrio para Rodolphe, logo guardava-lhe rancor — *de quê*, efetivamente? E por que lhe dizia: "Não lhe quero mal"? Por que é que Rodolphe o achava "cômico e um pouco vil"? A seguir Charles Bovary morria: de tristeza? de doença? E por que o doutor o abria, se tudo estava acabado? Eu gostava daquela resistência coriácea que eu nunca conseguia vencer; mistificado, estafado, degustava a ambiguidade voluptuosa de compreender sem compreender: era a espessura do mundo; o coração humano de que meu avô falava de bom grado, em família, parecia-me insípido, e oco em toda parte, salvo nos livros. Nomes vertiginosos condicionavam meus humores, mergulhavam-me em terrores ou melancolias cujas razões me fugiam. Eu dizia "Charbovary" e via, em parte alguma, um barbudão em frangalhos passeando num recinto: era insuportável. Na fonte destas ansiosas delícias havia a combinação de dois temores contraditórios. Eu receava cair de ponta-cabeça num universo fabuloso e errar nele incessantemente, em companhia de Horácio, de Charbovary, sem esperança de reencontrar a rua Le Goff, Karlemami e minha mãe. E, de outro lado, adivinhava que aqueles desfiles de frases ofereciam aos leitores adultos significações que se me furtavam. Eu introduzia em minha cabeça, pelos olhos, palavras venenosas, infinitamente mais ricas do que eu pensava; uma força estranha recompunha em mim pelo discurso histórias de loucos furiosos que não me concerniam, uma tristeza atroz, a ruína de uma vida: não ia eu contaminar-me, morrer envenenado? Absorvendo o

Verbo, absorvido pela imagem, eu só me salvava, em suma, pela incompatibilidade desses dois perigos simultâneos. Ao cair do dia, perdido numa selva de palavras, estremecendo ao menor ruído, tomando os estalos do assoalho por interjeições, acreditava descobrir a linguagem em estado natural, sem os homens. Com que covarde alívio, com que ilusão, reencontrava a banalidade familial quando minha mãe entrava e acendia a luz, exclamando: "Meu pobre benzinho, assim você arranca seus olhos!" Esgazeado, eu saltava em pé, gritava, corria, bancava o palhaço. Mas até mesmo nesta infância reconquistada, eu me amofinava: *de que* falam os livros? Quem os escreve? Por quê? Revelei minhas inquietações a meu avô, que, depois de refletir, julgou chegada a hora de me libertar e o fez tão bem que me marcou.

Por muito tempo fizera-me pular sobre a sua perna esticada, cantando: *"A cheval sur mon bidet; quand il trotte il fait des pets"*[4] e eu ria escandalosamente. Não cantou mais: sentou-me nos joelhos e fitou-me no fundo dos olhos: "Sou homem", repetia ele com voz pública, "sou homem e nada do que é humano me é estranho". Exagerava muito: como Platão fez com o poeta, Karl expulsava de sua República o engenheiro, o mercador e provavelmente o oficial. As fábricas estragavam-lhe a paisagem; das ciências puras, apreciava apenas a pureza. Em Guérigny, onde passávamos a última quinzena de julho, meu tio Georges nos levava a visitar as fundições: fazia calor, homens brutais e malvestidos nos empurravam; aturdido por ruídos gigantescos, eu morria de medo e de tédio; meu avô observava a fundição assobiando, por delicadeza, mas seu olhar permanecia morto. Na Auvergne, em contrapartida, no mês de agosto, ele farejava pelas aldeias, plantava-se diante de velhas construções, golpeava os tijolos com a ponta da bengala: "Isso que você está vendo aí, menino", dizia-me com animação, "é um muro galo-romano". Gostava também da arquitetura religiosa e, embora abominasse os papistas, nunca deixava de entrar nas igrejas quando eram góticas; românicas, dependendo de seu humor. Quase não ia a concertos, mas frequentara-os: amava Beethoven, sua pompa, suas grandes orquestras; Bach também, sem arrebatamento. Às vezes acercava-se do piano e, sem sentar-se, atacava com os dedos entorpecidos alguns acordes: minha avó dizia, com um sorriso fechado: "Charles compõe." Seus filhos haviam-se tornado — Georges sobretudo — bons

---

[4] "A cavalo sobre o meu selote; ele vai soltando traques no seu trote."(N.T.)

executantes que detestavam Beethoven e preferiam a tudo o mais a música de câmara; tais divergências de opinião não perturbavam meu avô; ele dizia com bons ares: "Os Schweitzer nasceram músicos." Oito dias após o meu nascimento, como eu parecesse distrair-me com o tinido de uma colher, decretara que eu tinha ouvido.

Vitrais, arcobotantes, portais esculpidos, coros, crucificações talhadas na madeira ou na pedra, Meditações em verso ou Harmonias poéticas: estas Humanidades nos levavam diretamente ao Divino. Tanto mais quanto cumpria juntar-lhes as belezas naturais. O mesmo sopro modelava as obras de Deus e as grandes obras humanas: o mesmo arco-íris brilhava na espuma das cascatas, cintilava entre as linhas de Flaubert, luzia nos claros-escuros de Rembrandt: era o Espírito. O Espírito falava a Deus dos Homens, aos homens ele dava testemunho de Deus. Na Beleza, meu avô via a presença carnal da Verdade e a fonte das mais nobres elevações. Em certas circunstâncias excepcionais — quando uma tempestade sobrevinha na montanha, quando Victor Hugo estava inspirado — podia-se atingir o Ponto Sublime em que o Verdadeiro, o Belo e o Bem se confundiam.

Eu achara a minha religião: nada me pareceu mais importante do que um livro. Na biblioteca, eu via um templo. Neto de sacerdote, vivia sobre o telhado do mundo, no sexto andar, empoleirado no mais alto galho da Árvore Central: o trono era o poço do elevador. Eu ia e vinha sobre meu balcão; atirava aos passantes um olhar de cima; cumprimentava, através da grade, Lucette Moreau, minha vizinha, que possuía minha idade, meus cachos louros e minha tenra feminilidade, eu reentrava na *cella* ou no *pronaos* e nunca descia daí *em pessoa*: quando minha mãe me levava ao Luxembourg — isto é: diariamente — eu emprestava meu farrapo às baixas regiões, porém o meu corpo glorioso não abandonava o seu poleiro e creio que ainda se encontra lá. Todo homem tem seu lugar natural; nem o orgulho nem o valor lhe fixam a altitude: a infância é que decide. O meu é um sexto andar parisiense com vista para os telhados. Por muito tempo sufoquei nos vales, as planícies me prostravam; eu me arrastava sobre o planeta Marte, a gravidade me esmagava; bastava-me subir em uma toca para reaver a alegria: reconquistava o meu sexto andar simbólico, volvia a respirar o ar rarefeito das Belas-Letras, o Universo se escalonava a meus pés e toda coisa solicitava humildemente um nome; atribuí-lo era ao mesmo tempo criá-la e tomá-la. Sem essa ilusão capital, eu jamais teria escrito.

Hoje, 22 de abril de 1963, corrijo este manuscrito no décimo andar de uma casa nova: pela janela aberta, diviso um cemitério, Paris, as colinas de Saint-Cloud, azuis. É dizer minha obstinação. Tudo mudou, no entanto. Criança, quisesse eu merecer esta posição elevada, cumpriria ver em meu gosto pelos pombais um efeito da ambição da verdade, uma compensação por minha pequena estatura. Mas não; o problema não era trepar em minha árvore sagrada: eu já estava nela, recusava-me a descer; não se tratava de me colocar acima dos homens: eu queria viver em pleno éter entre os simulacros aéreos das Coisas. Mais tarde, longe de me agarrar a balões, pus todo o meu zelo em ir ao fundo: foi preciso calçar solas de chumbo. Por sorte, aconteceu-me às vezes roçar sobre areias nuas, em espécies submarinas cujo nome me competia inventar. Outras vezes, não havia o que fazer: uma irresistível leveza me retinha à superfície. Por fim, meu altímetro se desarranjou: sou, ora ludião, ora escafandrista, e amiúde ambas as coisas juntas como convém em nossa especialidade: moro no ar por hábito e fuço o chão sem muita esperança.

Era preciso, todavia, falar-me dos autores. Meu avô fê-lo com tato, sem calor. Ensinou-me o nome desses homens ilustres; a sós, recitava para mim mesmo a lista, de Hesíodo a Hugo, sem uma omissão: eram os Santos e os Profetas. Charles Schweitzer consagrava-lhes, afirmava, verdadeiro culto. Eles o incomodavam, não obstante: sua importuna presença impedia-o de atribuir diretamente ao Espírito Santo as obras do Homem. Por isso nutria secreta preferência pelos anônimos, pelos construtores que tiveram a modéstia de apagar-se diante de suas catedrais, pelo autor inumerável das canções populares. Não detestava Shakespeare, cuja identidade não estava determinada. Nem Homero, pelo mesmo motivo. Nem quaisquer outros sobre cuja existência não houvesse inteira certeza. Para os que não quiseram ou não souberam obliterar os traços de sua vida, encontrava desculpas desde que estivessem mortos. Mas condenava em bloco os seus contemporâneos à exceção de Anatole France e de Courteline, que o divertia. Charles Schweitzer desfrutava orgulhosamente a consideração que era dedicada à sua idade avançada, à sua cultura, à sua beleza, às suas virtudes; esse luterano não se proibia de pensar, mui biblicamente, que o Eterno lhe abençoara a Casa. À mesa, recolhia-se por vezes, a fim de tomar uma vista a cavaleiro sobre a sua vida e concluir: "Meus filhos, como é bom a gente não ter nada a se reprovar." Seus arrebatamentos, sua majestade, seu orgulho e seu gosto pelo sublime encobriam uma timidez de espírito que lhe vinha de sua religião, de seu século e da universidade, seu meio. Por esta razão sentia repugnância secreta pelos monstros sagrados de sua biblioteca, criaturas malvadas cujos livros considerava, no fundo de si mesmo, como incongruências. Eu me enganava: a reserva que aparecia sob um entusiasmo de encomenda, eu a tomava pela severidade de um juiz; seu sacerdócio elevava-o acima deles. De qualquer maneira, me soprava o ministro do culto, o gênio não é senão um empréstimo: cumpre merecê-lo por meio de grandes sofrimentos, de provações modesta e firmemente suportadas; a gente acaba ouvindo vozes e escreve sob ditado. Entre a primeira revolução russa e o primeiro conflito mundial, 15 anos após a morte de Mallarmé, no momento em que Daniel de Fontain descobria *Os frutos da terra*, um homem do século XIX impunha a seu neto as ideias em curso no tempo de Luís Felipe. Assim, dizem, se explicam as rotinas camponesas: os pais vão aos campos, deixando os filhos nas mãos dos avós. Já na partida eu contava com um *handicap* de oitenta anos. Devo me queixar por isso? Não sei: nas nossas sociedades em movimento os atrasos proporcionam às vezes avanços. Seja como for, atiraram-me esse osso duro de roer e eu o trabalhei tão bem que vejo o dia às avessas. Meu avô desejara me enfastiar sorrateiramente dos escritores, estes intermediários. Obteve o resultado contrário: confundi o talento e o mérito. Essa brava gente se me assemelhava: quando eu era bem-comportado, quando aguentava valentemente meus dodóis, fazia jus a lauréis, a uma recompensa; era a infância. Karl Schweitzer me mostrava outras crianças, como eu vigiadas, provadas, recompensadas, que souberam guardar durante a vida toda a minha idade. Sem irmão nem irmã e sem camaradas, converti-os em meus primeiros amigos. Haviam amado, padecido com rigor, como os heróis de seus romances, e sobretudo tinham acabado bem; eu evocava seus tormentos com um enternecimento algo jovial; como deviam estar contentes, os rapazes, quando se sentiam muito infelizes; diziam a si mesmos: "Que sorte! Um belo verso vai nascer!"

A meus olhos, não se achavam mortos; pelo menos, não inteiramente: haviam-se metamorfoseado em livros. Corneille era um gordo rubicundo, rugoso, com lombada de couro, que cheirava a cola. Esse personagem incômodo e severo, de palavras difíceis, possuía arestas que me feriam as coxas quando eu o transportava. Mas, tão logo aberto, oferecia-me suas estampas, escuras e suaves como confidências. Flaubert era um pimpolho guarnecido de rendas, inodoro, pontilhado de sardas. Victor Hugo, o múltiplo, aninhava-se em todas as prateleiras ao mesmo tempo. Isto quanto aos corpos; no tocante às almas, assediavam as obras; as páginas eram janelas; de fora um rosto se colava à vidraça, alguém me espiava; eu fingia nada perceber, continuava minha leitura, com os olhos cravados nas palavras, sob a mirada fixa do defunto Chateaubriand. Tais inquietações não duravam muito; o resto do tempo, eu adorava meus companheiros de brinquedo. Coloquei-os acima de tudo e me foi contado sem espanto meu que Carlos V apanhara do chão o pincel de Ticiano: bela coisa! Um príncipe é feito para isso. Todavia, eu não os respeitava: por que iria louvá-los por serem grandes? Cumpriam apenas com o dever. Eu acusava os outros de serem pequenos. Em suma, compreendera tudo às avessas e fazia da exceção a regra: a espécie humana tornou-se um comitê restrito, cercado de animais afetuosos. Sobretudo meu avô procedia demasiado mal com eles para que eu pudesse levá-los totalmente a sério. Ele parara de ler desde a morte de Victor Hugo; quando nada mais tinha a fazer, relia. Mas seu ofício era traduzir. Na verdade de seu coração, o autor do *Deutsches Lesebuch* considerava a literatura universal como seu material. Com indiferença, classificava os autores por ordem de mérito, mas esta hierarquia de fachada mal escondia suas preferências, que eram utilitárias; Maupassant subministrava aos alunos alemães as melhores versões; Goethe, vencendo por uma cabeça Gottfried Keller, era inigualável para os temas de composição. Humanista, meu avô tinha os romances em pouca estima; professor, censurava-os fortemente por causa do vocabulário. Acabou não mais suportando senão os trechos escolhidos, e eu o vi, alguns anos mais tarde, deleitar-se com um extrato de *Madame Bovary*, selecionado por Mironneau para as *Lectures*, quando Flaubert completo esperava há vinte anos o seu bel-prazer. Eu sentia que ele vivia dos mortos, o que não deixava de complicar minhas relações com estes: a pretexto de render-lhes culto, ele mantinha-os em suas cadeias e não se privava de espostejá-los a fim de transportá-los mais comodamente de uma língua a outra. Descobri-lhes ao mesmo tempo a grandeza e a miséria. Mérimée, para sua desgraça, convinha ao curso médio; em consequência, levava uma dupla existência: na quarta prateleira da biblioteca, *Colomba* era uma fresca pomba de cem asas, congelada, ofertada e sistematicamente ignorada; nenhum olhar jamais a deflorou. Mas, na fileira de baixo, a mesma virgem estava encerrada num imundo livreco escuro e fedorento; nem a história nem a língua tinham mudado, apenas havia notas em alemão e um léxico; vim a saber, além disso, num escândalo sem igual desde a violação da Alsácia-Lorena, que fora editado em Berlim. Esse livro meu avô enfiava duas vezes por semana na pasta, cobria-o de manchas, de marcas vermelhas, de queimaduras, e eu o detestava: era Mérimée humilhado. Era só abri-lo que eu morria de tédio: cada sílaba se escondia sob minha vista, tal como fazia, no Institut, na boca de meu avô. Impressos na Alemanha, para serem lidos por alemães, o que eram, aliás, estes signos conhecidos e irreconhecíveis senão a contrafação das palavras francesas? Mais um caso de espionagem: seria suficiente cavar um pouco para descobrir, sob os disfarces gauleses, os vocábulos germânicos à espreita. Acabei por me perguntar se não existiam duas Colombas, uma feroz e verdadeira e outra falsa e didática, assim como há duas Isoldas.

As tribulações de meus amiguinhos convenceram-me de que eu era seu par. Não possuía nem seus dotes nem seus méritos e ainda não pretendia escrever, mas, neto de sacerdote, eu lhes era superior pelo nascimento; sem dúvida alguma eu estava predestinado: não a seus martírios sempre um tanto escandalosos, mas a algum sacerdócio; seria sentinela de cultura como Charles Schweitzer. Além do mais, eu estava vivo e muito ativo: não sabia ainda retalhar os mortos mas impunha-lhes meus caprichos: tomava-os em meus braços, carregava-os, depunha-os sobre o assoalho, abria-os, tornava a fechá-los, tirava-os do nada para nele voltar a mergulhá-los: eram meus bonecos, aqueles homens-troncos, e eu sentia compaixão daquela miserável sobrevida paralisada, que se chamava sua imortalidade. Meu avô encorajava tais familiaridades: todas as crianças são inspiradas, nada têm a invejar aos poetas, que são pura e simplesmente crianças. Eu estava doido por Courteline, perseguia a cozinheira até a cozinha para ler-lhe em voz alta *Théodore cherche des allumettes*. Os outros divertiam-se com o meu entusiasmo; desvelos solícitos desenvolveram-no, converteram-no em paixão pública. Um belo dia meu avô me disse negligentemente: "Courteline deve ser boa-praça. Se você gosta tanto dele, por que não lhe escreve?" Escrevi, Charles Schweitzer guiou minha pena e resolveu deixar vários erros ortográficos em minha carta. Alguns jornais reproduziram-na, há alguns anos, e não foi sem irritação que a reli. Eu me despedia com estas palavras: "vosso futuro amigo", que me pareciam inteiramente naturais: entre meus familiares figuravam Voltaire e Corneille; como um escritor *vivo* iria recusar minha amizade? Courteline recusou-se e fez bem: respondendo ao neto, tropeçaria no avô. Na época, julgamos severamente tal silêncio: "Admito", disse Charles, "que tenha muito trabalho, mas, pelo diabo que seja, a gente sempre responde a uma criança".

Ainda hoje, resta-me esse vício menor, a familiaridade. Trato esses ilustres defuntos como amigos do peito: acerca de Baudelaire, de Flaubert, expresso-me sem rodeios e, quando me recriminam por isso, tenho sempre vontade de responder: "Não se metam em nossos negócios. Eles me pertenceram, gênios de vocês, eu os tive em minhas mãos, eu os amei apaixonadamente, com toda a irreverência. Vou então andar de luvas com eles?" Mas do humanismo de Karl, desse humanismo de prelado, dele me livrei no dia em que compreendi que todo homem é o homem todo. Como são tristes as curas: a linguagem é desencantada; os heróis da pena, meus antigos pares despojados de seus privilégios, retornaram às fileiras: visto luto por eles duas vezes.

O que acabo de escrever é falso. Verdadeiro. Nem verdadeiro nem falso, como tudo o que se escreve sobre os loucos, sobre os homens. Relatei os fatos com a exatidão que a minha memória permitiu. Mas até que ponto creio no meu delírio? Esta é a questão fundamental e no entanto não sou eu quem decide sobre ela. Vi posteriormente que podemos conhecer tudo em nossas afeições exceto a sua força, isto é, a sua sinceridade. Os próprios atos não servirão de padrão, a menos que se haja provado que não são gestos, o que nem sempre é fácil. Vejam antes: sozinho no meio dos adultos, eu era um adulto em miniatura e faria leituras adultas; só isso já soa falso, posto que, no mesmo instante, eu continuava sendo uma criança. Não pretendo que fosse culpado: era assim, é tudo; o que não impede que minhas explorações e minhas caçadas fizessem parte da Comédia familial, que as pessoas se encantassem com elas, que eu o soubesse: sim, eu sabia disso; todo dia, uma criança maravilhosa despertava os engrimanços que seu avô não lia mais. Eu vivia acima de minha idade como há quem viva acima de seus meios: com zelo, com fadiga, custosamente, para a vitrine. Mal empurrava a porta da biblioteca, encontrava-me no ventre de um velho inerte: a grande secretária, a pasta de mesa, as manchas de tinta, vermelhas e pretas, sobre o mata-borrão rosa, a régua, o vidro de cola, o cheiro infecto de fumo e, no inverno, o avermelhado da Salamandra, os estalidos da mica, era Karl em pessoa, reificado: não era preciso mais para me pôr em estado de graça, eu corria aos livros. Sinceramente? O que quer dizer isso? Como poderia eu fixar — após tantos anos, sobretudo — a inapreensível e movediça fronteira que separa a posse da cabotinagem? Eu me deitava de bruços, diante das janelas, com um livro aberto à minha frente, um copo d'água avermelhado à minha direita e, à minha esquerda, num prato, uma fatia de torrada com geleia. Até na solidão eu me achava em representação: Anne-Marie, Karlemami haviam virado essas páginas muito antes que eu tivesse nascido, era o saber deles que se estendia a meus olhos; à noite, interrogavam-me: "O que é que você leu? O que é que você compreendeu?", eu o sabia, eu estava em trabalho de parto, eu daria à luz uma palavra de criança; fugir aos adultos na leitura era o melhor meio de comunicar-se com eles; ausentes, o futuro olhar deles penetrava-me pelo occipital, tornava a sair pelas pupilas, curvava ao nível do chão aquelas frases cem vezes lidas que eu lia pela primeira vez. Visto, eu me via: via-me ler como alguém se ouve falar. Acaso mudara eu tanto desde o tempo em que fingia decifrar "o chinês na China" antes de conhecer o alfabeto? Não: o jogo continuava. Às minhas costas, a porta abria-se, vinham ver "o que eu estava inventando": eu blefava, levantava-me de um salto, repunha Musset no lugar e logo em seguida, na ponta dos pés, com os braços levantados, ia apanhar o pesado Corneille; mediam minha paixão por meus esforços; eu ouvia, atrás de mim, uma voz deslumbrada cochichar: "Mas é que ele *ama* Corneille!" Eu não o amava: os alexandrinos me desagradavam. Por sorte, o editor publicara *in extenso* tão-somente as tragédias mais famosas; das outras, dava o título e o argumento analítico: é o que me interessava: "Rodelinde, mulher de Pertharite, rei dos lombardos e vencido por Grimoald, é forçada por Unulphe a conceder sua mão ao príncipe estrangeiro…" Eu conhecia Rodogune, Théodore, Agésilas antes que o Cid, antes que Cinna; eu enchia a boca de nomes sonoros, o coração de sentimentos sublimes, e tomava a cautela de não me perder nos laços de parentesco. Dizia-se também: "Este garoto tem sede de instrução; ele devora o *Larousse*!", e eu deixava que dissessem. Mas eu quase não me instruía: descobrira que o dicionário continha resumos de peças e romances; isso me deleitava.

 Eu gostava de agradar e queria tomar banhos de cultura: eu me carregava de sagrado todos os dias. Distraidamente, por vezes: bastava prosternar-me e virar as páginas; as obras de meus amiguinhos serviram-me frequentemente de debulhadoras de preces. Ao mesmo tempo, eu era acometido de terrores e prazeres *de verdade*; ocorria-me esquecer meu papel e sair a toda pressa, levado por uma louca baleia que não era outra senão o mundo. E vá se tirar uma conclusão de tudo isso! Em todo caso, meu olhar trabalhava as palavras: era preciso experimentá-las, decidir sobre seu sentido; a Comédia da cultura, no fim das contas, me cultivava.

Eu fazia entretanto *verdadeiras* leituras: fora do santuário, em nosso quarto ou debaixo da mesa da sala de jantar; daquelas eu não falava a ninguém, e ninguém, salvo minha mãe, me falava delas. Anne-Marie levara a sério meus acessos fingidos. Abrira-se com Mamie sobre suas inquietações. Minha avó foi uma aliada segura: "Charles não é razoável", disse. "É ele quem incita o menino, eu mesma vi. Estaremos bem-arranjados quando esta criança ficar anêmica." As duas mulheres evocaram também a estafa e a meningite. Seria perigoso e inútil atacar meu avô de frente: elas o fizeram de viés. Durante um de nossos passeios, Anne-Marie parou como que por acaso diante da banca que ainda se encontra na esquina do bulevar Saint-Michel e da rua Soufflot: vi imagens maravilhosas, suas cores gritantes fascinaram-me, pus-me a exigi-las e as obtive; a peça estava pregada: todas as semanas eu queria o *Cri-Cri, L'Épatant, Les Vacances, Les Trois boy-scouts* de Jean de la Hire e *Le Tour du monde en aéroplane* de Arnould Galopin, que apareciam em fascículos às quintas-feiras. De uma a outra quinta-feira, eu pensava na Águia dos Andes, em Marcel Dunot, no pugilista de punhos de ferro, em Christian, o aviador, muito mais do que em meus amigos Rabelais e Vigny. Minha mãe pôs-se a procurar obras que me devolvessem a infância: houve primeiro "*les petits livres roses*", coletâneas mensais de contos de fada, depois, pouco a pouco, *Os filhos do capitão Grant, O último dos moicanos, Nicolas Nickleby, Les Cinq sous de Lavarède*. A Júlio Verne, ponderado demais, eu preferia as extravagâncias de Paul d'Ivoi. Mas, qualquer que fosse o autor, adorava as obras da coleção Hetzel, pequenos teatros cuja capa vermelha de borlas de ouro representava o pano de boca: a poeira de sol, sobre as bordas, constituía a rampa. Devo a estas caixas mágicas — e não às frases equilibradas de Chateaubriand — meus primeiros encontros com a Beleza. Abrindo-as, eu esquecia tudo: isso era ler? Não, mas morrer de êxtase: de minha abolição nasciam imediatamente indígenas armados de azagaias, a selva, um explorador de capacete branco. Eu era *visão*, eu inundava de luz as belas faces escuras de Auda, as suíças de Phileas Fogg. Liberta de si mesma enfim, a pequena maravilha se deixava converter em puro maravilhamento. A cinquenta centímetros do assoalho nascia uma felicidade sem amo nem coleira, perfeita. O Novo Mundo parecia a princípio mais inquietante do que o Antigo: pilhava-se nele, matava-se; o sangue corria aos borbotões. Índios, hindus, moicanos, hotentotes raptavam a donzela, amarravam seu velho pai e prometiam fazê-lo perecer sob os mais atrozes suplícios. Era o puro Mal. Mas ele só aparecia para prosternar-se perante o Bem: no capítulo seguinte, tudo ficaria restabelecido. Brancos corajosos procederiam a uma hecatombe de selvagens, cortando as cordas do pai, que se jogaria nos braços da filha. Apenas os maus morriam — e alguns bons muito secundários cujo procedimento figurava entre as despesas imprevistas da história. De resto, a própria morte era assepsiada: caía-se com os braços em cruz e um pequeno orifício redondo sob o seio esquerdo ou, se a invenção do fuzil ainda não se verificara, os culpados eram "passados a fio de espada". Eu gostava desta bela expressão: imaginava aquele fulgor reto e branco, a lâmina; ela penetrava como em manteiga e saía pelas costas do fora da lei, que sucumbia sem perder uma gota de sangue. Por vezes a morte era mesmo ridícula: como a daquele sarraceno que, em *La Filleule de Roland*, creio, lançava o seu corcel contra o de um cruzado; o paladino descarregava-lhe sobre o crânio um belo golpe de sabre que o fendia de alto a baixo; uma ilustração de Gustave Doré representava a peripécia. Como era divertido! As duas metades do corpo, separadas, começavam a tombar, descrevendo cada qual um semicírculo em torno de um estribo; espantado, o cavalo se empinava. Por muitos anos não pude ver a estampa sem rir até as lágrimas. Enfim, eu retinha o que devia: o Inimigo, detestável, mas, no fim das contas, inofensivo, pois que seus projetos não se consumavam e mesmo, apesar de seus esforços e de sua astúcia diabólica, serviam à causa do Bem; eu constatava, com efeito, que o retorno à ordem vinha sempre acompanhado de um progresso: os heróis eram recompensados, recebiam honrarias, marcas de distinção, dinheiro; graças à sua intrepidez, um território era conquistado, um objeto de arte subtraído aos nativos e transportado para nossos museus; a mocinha se apaixonava pelo explorador que lhe salvara a vida, tudo acabava em um casamento. Dessas revistas e desses livros extraí minha fantasmagoria mais íntima: o otimismo.

   Tais leituras permaneceram por muito tempo clandestinas; Anne-Marie nem sequer precisou me advertir: consciente da indignidade que constituíam, não soprei a seu respeito uma só palavra ao meu avô. Eu me acanalhava, tomava liberdades, passava férias no bordel, mas não olvidava que minha verdade permanecera no templo. De que servia escandalizar o sacerdote com o relato de meus extravios? Karl acabou por me surpreender; zangou-se com as duas mulheres e estas, aproveitando um momento em que ele retomava fôlego, atiraram tudo sobre minhas costas: eu vira as revistas, os romances de aventura, cobiçara-os, exigira, podiam elas recusá-los? Esta hábil mentira encostava o meu avô na parede: era eu, eu só quem enganava Colomba com aquelas debochadas, pintadas a mais não poder. Eu, a criança profética, a jovem pitonisa, o Éliacin das Belas-Letras, manifestava um furioso pendor para a infâmia. Cabia-lhe escolher: ou eu não profetizava coisa alguma ou cumpria respeitar meus gostos sem procurar compreendê-los. Pai, Charles Schweitzer teria queimado tudo; avô, optou pela indulgência magoada. Eu não pedia mais do que isso e continuei aprazivelmente minha dupla vida. Ela nunca cessou: ainda hoje, leio com mais vontade os romances da *Série Noire* do que Wittgenstein.

Eu era o primeiro, o incomparável, em minha ilha aérea; caí na última fileira quando me submeteram às regras comuns.

Meu avô decidira matricular-me no Liceu Montaigne. Certa manhã, conduziu-me à casa do diretor e lhe gabou os meus méritos; meu único defeito era ser adiantado *demais* para a minha idade. O diretor aceitou tudo: puseram-me no terceiro ano primário e cheguei a acreditar que ia me dar com as crianças de minha idade. Mas não: após o primeiro ditado meu avô foi convocado às pressas pela diretoria; voltou enfurecido, tirou da sua pasta um maldito papel coberto de garranchos, de manchas, e jogou-o sobre a mesa: era a cópia que eu entregara. Haviam-lhe chamado a atenção para a ortografia — "*le lapen çovache êime le ten*"[5] — e tentaram explicar-lhe que o meu lugar era no primeiro ano. Diante do "*lapen çovache*" minha mãe caiu na gargalhada; meu avô a interrompeu com um olhar terrível. Começou por me acusar de má vontade e por me repreender pela primeira vez em minha vida, depois declarou que me haviam menosprezado; na manhã seguinte, retirou-me do liceu e se indispôs com o diretor.

---

[5] *Le lapin sauvage aime le thym.*

Eu nada compreendera do caso e meu malogro não me afetara; eu era uma criança prodígio que não sabia ortografia, e só. Além disso, voltei sem aborrecimento à minha solidão: eu amava o meu mal. Perdera, sem mesmo notar, a oportunidade de tornar-me verdadeiro: encarregaram o sr. Liévin, um professor parisiense, de me dar aulas particulares; ele vinha quase todos os dias. Meu avô me comprara uma pequena carteira individual, feita de um banco e um suporte de madeira branco. Eu me sentava no banco e o sr. Liévin passeava ditando. Parecia-se com Vincent Auriol e meu avô afirmava que ele era maçom; "quando lhe digo bom dia", dizia-nos com a repugnância assustada de um homem de bem exposto às tentativas de um pederasta, "ele desenha com o polegar o triângulo maçônico sobre a palma de minha mão". Eu o detestava porque se esquecia de me acariciar: eu julgava que ele me considerava, não sem razão, uma criança retardada. Um dia sumiu, não sei mais por quê: talvez tivesse comunicado a alguém a sua opinião a meu respeito.

Passamos algum tempo em Arcachon e fui à escola comunal: os princípios democráticos de meu avô assim exigiam. Mas ele queria também que lá eu fosse mantido à parte do vulgo. Recomendou-me nos seguintes termos ao mestre-escola: "Meu caro colega, confio-vos o que possuo de mais caro." O sr. Barrault usava barbicha e pincenê: veio beber vinho moscatel em nossa vila e declarou-se lisonjeado com a confiança que nele depositava um membro do ensino secundário. Fazia-me sentar numa carteira especial, ao lado de sua cadeira, e, durante os recreios, conservava-me a seu lado. Este tratamento de favor parecia-me legítimo; o que pensavam os "filhos do povo" meus iguais, ignoro: creio que pouco ligavam. Quanto a mim, a turbulência deles me fatigava e eu achava distinto me entediar junto do sr. Barrault, enquanto eles brincavam de barra.

Duas razões me levaram a respeitar o meu professor: ele me queria bem e tinha hálito forte. Os adultos devem ser feios, enrugados, incômodos; quando me tomavam em seus braços, não me desagradava sentir uma leve aversão a sobrepujar: era a prova de que a virtude não era fácil. Havia alegrias simples, triviais: correr, saltar, comer doces, beijar a cútis suave e perfumada de minha mãe; porém eu atribuía maior valor aos prazeres rebuscados e mesclados que experimentava na companhia dos homens maduros; a repulsa que me inspiravam fazia parte do seu prestígio: eu confundia a aversão com o espírito de seriedade. Eu era esnobe. Quando o sr. Barrault se inclinava sobre mim, seu hálito me infligia esquisitos embaraços; eu respirava com zelo o odor ingrato de suas virtudes. Um dia, descobri uma inscrição recente no muro da escola; aproximei-me e li: "O pai Barrault é um puto." Meu coração bateu quase a romper-se; o estupor pregou-me no lugar; fiquei com medo. "Puto", isso só podia ser uma dessas palavras feias que pululavam nos *bas-fonds* do vocabulário e com as quais uma criança bem-educada nunca se depara; curta e brutal, possuía a horrível simplicidade das bestas elementares. Já era demais lê-la: jurei não pronunciá-la, ainda que em voz baixa. Eu não queria que aquela ideia negra agarrada à parede saltasse para a minha boca a fim de se metamorfosear no fundo de minha garganta em negra clarinada. Se eu fizesse cara de que não a notara talvez ela reentrasse num buraco de parede. Mas, quando desviava o olhar, era para encontrar a infame denominação: "o pai Barrault", que me aterrava mais ainda: na palavra "puto", afinal de contas, eu me limitava a adivinhar o sentido; mas sabia muito bem quem era chamado "pai Fulano" em minha família: os jardineiros, os carteiros, o pai da empregada, em suma, os velhos pobres. Alguém via Barrault, o professor, o colega de meu avô, sob o aspecto de um velho pobre. Algures, em alguma cabeça, verrumava este pensamento malsão e criminoso. Em que cabeça? Na minha, talvez. Não bastava ter lido a inscrição blasfematória para tornar-me cúmplice de sacrilégio? Parecia-me ao mesmo tempo que um louco cruel zombava de minha polidez, de meu respeito, de meu zelo, do prazer que eu sentia cada manhã em tirar o casquete ao dizer "Bom dia, senhor professor", e que eu mesmo era esse louco, que as palavras feias e os pensamentos feios formigavam em meu coração. O que é que me impedia, por exemplo, de gritar a pleno pulmão "Esse velho sagui fede como um porco"? Murmurei: "O pai Barrault fede" e tudo começou a girar: fugi chorando. Na manhã seguinte, recuperei a minha deferência pelo sr. Barrault, por seu colarinho de celuloide e sua gravata-borboleta. Mas, quando se debruçava sobre o meu caderno, eu desviava a cabeça retendo a respiração.

No outono seguinte, minha mãe tomou a decisão de me matricular na Institution Poupon. Era preciso subir uma escada de madeira, penetrar numa sala do primeiro pavimento; as crianças agrupavam-se em semicírculo, silenciosamente; sentadas no fundo do aposento, retas e com as costas contra a parede, as mães vigiavam a professora.

O primeiro dever das pobres moças que nos ensinavam era distribuir igualmente os elogios e as boas notas em nossa academia de prodígio. Se uma delas esboçava um movimento de impaciência ou se mostrava demasiado satisfeita com uma boa resposta, as senhoritas Poupon perdiam alunos e ela perdia o emprego. Éramos uns trinta acadêmicos que nunca tivemos tempo de nos dirigir a palavra uns aos outros. À saída, cada uma das mães apoderava-se ferozmente do seu e o levava embora a galope, sem cumprimentar ninguém. Ao cabo de um semestre, minha mãe retirou-me do curso: quase não se trabalhava nele e, depois, acabara cansando-se de sentir pesar sobre si o olhar de suas vizinhas, quando chegava a minha vez de ser felicitado. A srta. Marie-Louise, uma jovem loura, com um pincenê, que ensinava oito horas por dia no curso Poupon mediante um salário de fome, concordou em me dar aulas particulares em minha casa, às escondidas das diretoras. Ela interrompia às vezes os ditados a fim de aliviar o coração com longos suspiros: dizia-me que estava morta de cansaço, que vivia numa terrível solidão, que teria dado tudo para arranjar um marido, não importava qual. Acabou, também, sumindo: pretendiam que não me ensinava coisa alguma, mas creio que meu avô a julgava calamitosa. Este homem justo não se recusava a consolar os miseráveis, mas repugnava-lhe convidá-los à sua casa. Era tempo: a srta. Marie-Louise me desmoralizava. Eu acreditava que os salários fossem proporcionais aos méritos e diziam-me que ela era merecedora: por que então lhe pagavam tão mal? Quando alguém exerce uma profissão, era digno e altivo, feliz de trabalhar: já que tinha a felicidade de trabalhar oito horas por dia, por que falava da vida como de um mal incurável? Quando eu contava as suas queixas, meu avô começava a rir: era feia demais para que um homem a desejasse. Eu não ria: será que alguém pode nascer condenado? Neste caso me haviam mentido: a ordem do mundo ocultava intoleráveis desordens. Meu mal-estar se dissipou tão logo a afastaram. Charles Schweitzer me arrumou professores mais decentes. Tão decentes que os esqueci a todos. Até os dez anos, fiquei só, entre um velho e duas mulheres.

Minha verdade, meu caráter e meu nome estavam nas mãos dos adultos; aprendera a ver-me com os olhos deles; eu era uma criança, este monstro que eles fabricam com suas queixas. Ausentes, deixavam atrás de si o olhar, misturado à luz; eu corria, eu saltava através deste olhar que conservava minha natureza de neto-modelo, que continuava a me oferecer meus brinquedos e o universo. Em minha bela redoma, em minha alma, meus pensamentos giravam, qualquer pessoa podia seguir seus manejos: nenhum canto de sombra. No entanto, sem palavras, sem forma nem consistência, diluída nesta inocente transparência, uma transparente certeza estragava tudo: eu era um impostor. Como representar a comédia sem a gente saber que a representa? Elas se denunciam por si mesmas, as claras aparências ensolaradas que compunham meu personagem: por uma falta de ser que eu não podia compreender inteiramente nem deixar de sentir. Eu me voltava para os grandes, pedia-lhes que garantissem meus méritos: era afundar-me na impostura. Condenado a agradar, eu me atribuía graças que feneciam na hora; arrastava por toda parte minha falsa bonomia, minha importância ociosa, à espreita de uma nova oportunidade: acreditava agarrá-la, lançava-me numa atitude e reencontrava nela a inconsistência que pretendia evitar. Meu avô dormitava, envolto em sua manta; sob o seu bigode cerrado, eu percebia a nudez rósea de seus lábios; era insuportável: felizmente, seus óculos escorregavam, eu me precipitava para apanhá-los. Ele acordava, me tomava em seus braços e nós desenvolvíamos a nossa grande cena de amor: não era mais o que eu desejara. O que é que eu desejara? Eu esquecia tudo e aninhava-me nos tufos de sua barba. Eu entrava na cozinha, declarava que desejava misturar a salada; espocavam gritos, loucas risadas: "Não, meu bem, não é assim! Aperte bem a mãozinha: isso! Marie, ajude-o! Mas não é que ele faz isso muito bem!" Eu era uma falsa criança, segurava uma falsa saladeira; sentia meus atos converterem-se em gestos. A Comédia me subtraía o mundo e os homens: enxergava apenas papéis e acessórios, servindo por palhaçada os empreendimentos dos adultos; como eu poderia levar a sério suas preocupações? Eu me prestava a seus desígnios com uma presteza virtuosa que me impedia de partilhar de seus fins. Estranho às necessidades, às esperanças, aos prazeres da espécie, eu me dilapidava friamente para seduzi-la: ela era meu público, uma rampa de luz me separava dela, me repelia para um exílio orgulhoso que virava logo angústia.

O pior é que eu suspeitava os adultos de cabotinice. As palavras que me dirigiam eram bombons; mas entre si falavam em um tom completamente diferente. Além disso, acontecia-lhes romper contratos sagrados: eu fazia o meu beicinho mais adorável, aquele do qual estava mais seguro, e então me diziam com voz verdadeira: "Vá brincar, garoto, estamos conversando." Outras vezes, invadia-me o sentimento de que os outros se serviam de mim. Minha mãe me levava ao Luxembourg, o tio Émile, rompido com a família toda, surgia de repente; encarava a irmã com um ar carrancudo e dizia-lhe secamente: "Não foi por você que eu vim: foi para ver o pequeno." Explicava então que eu era o único inocente da família, o único que nunca o ofendera deliberadamente nem o condenara sob falsas informações. Eu sorria, incomodado com o meu poder e com o amor que acendera no coração daquele homem sombrio. Mas já irmão e irmã discutiam seus assuntos, enumeravam os agravos recíprocos; Émile se encolerizava contra Charles, Anne-Marie o defendia, cedendo terreno; acabavam por falar de Louise, eu ficava entre as suas cadeiras de ferro, esquecido. Eu estava preparado para admitir — se me encontrasse em idade de compreendê-las — todas as máximas de direita que um velho de esquerda me ensinava por meio de sua conduta: que a Verdade e a Fábula são a mesma coisa, que é preciso representar a paixão para senti-la, que o homem é um ser de cerimônia. Haviam-me persuadido de que fôramos criados para representar a comédia; a comédia eu aceitava, mas exigia ser o personagem principal: ora, em instantes de explosão que me deixavam aniquilado, eu percebia que desempenhava um "falso-bom-papel", com bastante texto, muita presença, mas sem uma cena "minha"; em suma, eu dava a réplica aos grandes. Charles me lisonjeava para engodar a própria morte; em minha petulância, Louise encontrava a justificação de seus despeitos; Anne-Marie, de sua humildade. E no entanto, sem mim, ainda que os seus pais a acolhessem, a delicadeza de minha mãe entregá-la-ia indefesa a Mamie; sem mim, Louise ter-se-ia amuado e Charles ter-se-ia maravilhado diante do monte Cervin, dos meteoros ou das crianças dos outros. Eu era a causa ocasional de suas discórdias e de suas reconciliações; as causas profundas residiam alhures: em Mâcon, em Gunsbach, em Thiviers, em um velho coração que se ensebava, em um passado muito anterior ao meu nascimento. Eu refletia para eles a unidade da família e suas antigas contradições; eles usavam de minha divina infância para tornar-se o que eram. Vivi no mal-estar: no momento em que suas cerimônias me persuadiam de que nada existe sem razão e de que cada um, do maior ao menor, possui seu lugar marcado no Universo, minha razão de ser, quanto a mim, se me subtraía, eu descobria de imediato que não contava para nada e sentia vergonha de minha presença insólita neste mundo em ordem.

Um pai ter-me-ia lastrado com algumas obstinações duradouras; fazendo de seus humores meus princípios, de sua ignorância meu saber, de seus rancores meu orgulho, de suas manias minha lei, ele me teria habitado; este respeitável locatário dar-me-ia respeito por mim mesmo. No respeito eu basearia meu direito de viver. Meu genitor decidiria sobre meu futuro: politécnico de nascimento, eu ficaria assegurado para sempre. Mas se Jean-Baptiste Sartre alguma vez soube de minha destinação, levara embora o segredo; minha mãe lembrava-se apenas que ele dissera: "Meu filho não entrará na Marinha." À falta de informações mais precisas, ninguém, a começar por mim, sabia que diabo eu viera fazer na face da Terra. Houvesse ele me deixado algum bem, minha infância teria mudado; eu não escreveria, pois seria outro. Os campos e a casa refletem para o jovem herdeiro uma imagem estável de si próprio; ele se toca em *seu* cascalho, nos vidros em losango de *sua* varanda e converte a inércia deles na substância imortal de sua alma. Há alguns dias, no restaurante, o filho do patrão, um molecote de sete anos, gritava para a caixa: "Quando meu pai não está, sou eu o Dono." Isto é que é um homem! Na idade dele, eu não era dono de ninguém e nada me pertencia. Em meus raros minutos de dissipação, minha mãe me segredava: "Tome cuidado! Não estamos em nossa casa!" Nunca estivemos em nossa casa: nem na rua Le Goff nem mais tarde, quando minha mãe tornou a casar-se. Eu não sofria com isso, pois me emprestavam tudo: mas eu continuava abstrato. Para o proprietário, os bens deste mundo refletem o que ele é; a mim, ensinavam-me o que eu não era: *eu não era* consistente nem permanente; *eu não era* o continuador futuro da obra paterna; *eu não era* necessário à produção do aço: em suma, eu não tinha alma.

Teria sido perfeito, se eu houvesse estabelecido bom convívio com meu corpo. Mas formávamos, ele e eu, estranho casal. Na miséria, a criança não se interroga: provada *corporalmente* pelas necessidades e as doenças, sua injustificável condição justifica sua existência; é a fome, é o perigo de morte permanente que fundam seu direito de viver: vive para não morrer. De minha parte, eu não era bastante rico para me crer predestinado nem bastante pobre para sentir meus desejos como exigências. Cumpria meus deveres alimentares e Deus me enviava às vezes — raramente — esta graça que permite comer sem desagrado

— o apetite. Respirando, digerindo, defecando com negligência, eu vivia porque começara a viver. Quanto a meu corpo, este companheiro empanzinado, eu lhe ignorava a violência e os reclamos selvagens: ele se dava a conhecer por uma série de delicadas indisposições muito solicitadas pelas pessoas adultas. Na época, uma família distinta devia contar pelo menos com uma criança delicada. Eu era o devido caso, pois pensara morrer ao nascer. Espreitavam-me, tomavam-me o pulso, a temperatura, obrigavam-me a mostrar a língua: "Não acha que ele está um pouco pálido?" "É a luz." "Garanto que ele emagreceu!" "Mas, papai, nós o pesamos ontem." Sob estes olhares inquisidores, sentia transformar-me em objeto, em flor no vaso. Como conclusão, metiam-me na cama. Sufocado pelo calor, suavemente cozido sob as cobertas, eu confundia meu corpo e seu mal-estar: dos dois, não sabia mais qual era indesejável.

O sr. Simonnot, colaborador de meu avô, almoçava conosco às quintas-feiras. Eu invejava aquele quinquagenário de faces de moça que lustrava o bigode e tingia o topete: quando Anne-Marie lhe perguntava, para manter a conversação, se gostava de Bach, se se comprazia com o mar, com a montanha, se guardava boa lembrança da cidade natal, ele tomava tempo para refletir e dirigia o olhar interior para o maciço granítico de seus gostos. Uma vez obtida a informação requerida, comunicava-a a minha mãe, com voz objetiva, saudando-a com a cabeça. "O felizardo! Ele devia", pensava eu, "despertar toda manhã no júbilo, recensear, de algum Ponto Sublime, seus picos, suas cristas e seus vales e depois estirar-se voluptuosamente, dizendo: 'Sou eu mesmo: eu sou o sr. Simonnot todo inteiro.'". Naturalmente, eu era capaz, quando me interrogavam, de dar a conhecer minhas preferências e até de afirmá-las; mas, na solidão, elas me escapavam: longe de *constatá-las*, cumpria mantê-las e impulsioná-las, insuflar-lhes vida; eu nem sequer tinha certeza de preferir o lombo de boi ao assado de vitela. O que não daria eu para que instalassem em mim uma paisagem atormentada, obstinações retas como penhascos. Quando a sra. Picard, usando com tato o vocabulário da moda, dizia de meu avô: "Charles é um ser raro", ou então "A gente não conhece os seres", sentia-me condenado sem apelação. Os pedregulhos do Luxembourg, o sr. Simonnot, os castanheiros, Karlemami eram seres. Eu não: eu não possuía nem a sua inércia, nem a sua profundidade, nem a sua impenetrabilidade. Eu era *nada*: uma transparência indelével. Meu ciúme não conheceu mais limite no dia em que me informaram que o sr. Simonnot, aquela estátua, aquele bloco monolítico, era, além do mais, indispensável ao universo.

Era dia de festa. No Institut des Langues Vivantes, a multidão batia palmas sob a chama instável de um bico de gás Auer, minha mãe tocava Chopin, todo mundo falava francês por ordem de meu avô: um francês lento, gutural, com as graças fanadas e a pompa de um oratório. Eu voava de mão em mão sem tocar em terra; sufocava contra o seio de uma romancista alemã quando meu avô, do alto de sua glória, deixou cair um veredicto que me feriu o coração: "Alguém está faltando aqui: é Simonnot." Escapei dos braços da romancista, refugiei-me em um canto, os convidados desapareceram; no centro de um anel tumultuoso, avistei uma coluna: o sr. Simonnot em pessoa, ausente em carne e osso. Esta ausência prodigiosa o transfigurou. Faltava muito para que o Institut estivesse todo completo; alguns alunos estavam doentes, outros haviam mandado escusar-se; mas no caso tratava-se apenas de fatos acidentais e desprezíveis. Só o sr. Simonnot *faltava*. Bastara pronunciar seu nome naquela sala abarrotada, e o vazio se cravara como um punhal. Admirei-me de que um homem tivesse o seu lugar feito. Seu lugar: um nada escavado pela expectativa universal, um ventre invisível de onde, subitamente, parecia que se pudesse renascer. Todavia, houvesse ele saído da terra, em meio das ovações, tivessem mesmo as mulheres se atirado às suas mãos a fim de beijá-las, eu ficaria desenganado: a presença carnal é sempre excedente. Virgem, reduzido à pureza de uma essência negativa, ele conservava a transparência incompreensível do diamante. Já que o meu quinhão era o de estar em cada instante situado entre certas pessoas, num certo lugar da Terra, e saber que era aí supérfluo, eu queria faltar como a água, como o pão, como o ar a todos os outros homens em todos os outros lugares.

Este desejo voltou todos os dias a meus lábios. Charles Schweitzer punha necessidade em tudo a fim de encobrir uma aflição que nunca me apareceu enquanto ele vivia, e que começo apenas a adivinhar. Todos os seus colegas sustentavam o céu. Figuravam, entre estes Atlas: gramáticos, filólogos e linguistas, o sr. Lyon-Caen e o diretor da *Revue Pédagogique*. Falava deles sentenciosamente para que lhes medíssemos a importância: "Lyon-Caen conhece o seu assunto. Seu lugar era no Institut"; ou ainda: "Shurer está ficando velho; esperemos que não cometam a tolice de lhe dar aposentadoria: a faculdade não sabe o que perderia." Rodeado de velhos insubstituíveis cujo próximo desaparecimento ia mergulhar a Europa no luto e talvez na barbárie, o que não daria eu para ouvir uma voz fabulosa sentenciar em meu coração: "Este pequeno Sartre conhece o seu assunto; se viesse a desaparecer, a França não sabe o que perderia!" A infância burguesa vive na eternidade do instante, isto é, na inação: eu queria ser Atlas imediatamente, para sempre e desde sempre, e nem sequer concebia que fosse possível trabalhar para vir a sê-lo; eu precisava de uma Corte Suprema, de um decreto que me restaurasse em meus direitos. Mas onde estavam os magistrados? Meus juízes naturais se haviam desconsiderado por sua cabotinice: eu os recusava, mas não via outros.

Verme estupefato, sem fé, sem lei, sem razão nem fim, evadia-me na comédia familial, rodando, correndo, voando de impostura em impostura. Fugia de meu corpo injustificável e suas frouxas confidências; bastava o pião topar um obstáculo e deter-se para que o pequeno comediante desvairado recaísse no estupor animal. Boas amigas disseram a minha mãe que eu era triste, que eu fora surpreendido sonhando. Minha mãe me apertou contra si, rindo: "Logo você que é tão alegre e vive cantando! E de que você iria queixar-se? Tem tudo o que deseja." Tinha razão: uma criança mimada não é triste; entedia-se como um rei. Como um cão.

Sou um cão: bocejo, as lágrimas rolam, sinto-as rolar. Sou uma árvore, o vento se agarra a meus ramos e os agita vagamente. Sou uma mosca, subo por uma vidraça, despenco-me, recomeço a subir. Às vezes, sinto a carícia do tempo que passa, outras vezes — o que é mais frequente — sinto que ele não passa. Trêmulos minutos tombam, me engolem e não param de agonizar; corrompidos, mas ainda vivos, são varridos e outros os substituem, mais frescos, porém igualmente vãos: estes fastios se chamam felicidade; minha mãe vive me repetindo que sou o mais feliz dos garotos. Como não haveria de acreditar nela, *se é verdade*? No meu desamparo, nunca penso; primeiro não há palavra para nomeá-lo; além disso, não o vejo: os outros não param de me cercar. É a trama de minha vida, o tecido de meus prazeres, a carne de meus pensamentos.

Vivo a morte. Aos cinco anos: ela me espreitava; à noite, rondava no balcão, colava o focinho à vidraça, eu a via mas não ousava dizer palavra. No Quai Voltaire, uma vez, cruzamos com ela; era uma dama idosa, alta e louca, vestida de preto; ela resmungou à minha passagem:

"Eu poria essa criança no meu bolso." Outra vez, assumiu a forma de uma escavação: foi em Arcachon; Karlemami e minha mãe faziam uma visita à sra. Dupont e a seu filho Gabriel, o compositor. Eu brincava no jardim da casa, apavorado porque me disseram que Gabriel estava doente e ia morrer. Brinquei de cavalinho, sem muito entusiasmo, e pus-me a cabriolar em torno da casa. De repente, percebi um buraco de trevas: a adega estava aberta; não sei bem que evidência de solidão e horror me cegou: dei meia-volta e, gritando com toda a força, caí fora. Nesta época, eu tinha encontro marcado com ela todas as noites em minha cama. Era um rito: cumpria que me deitasse sobre o lado esquerdo, com o nariz para a ruela; eu esperava, todo trêmulo, e ela me aparecia, esqueleto conformista, com uma foice; então me era dada licença de me virar para o lado direito, ela ia embora e eu podia dormir sossegado. Durante o dia, eu a reconhecia sob os disfarces mais diversos: se acontecia que minha mãe cantasse em francês "*Le Roi des aulnes*", eu tapava os ouvidos; por ter lido *L'Ivrogne et sa femme* permaneci seis meses sem abrir as fábulas de La Fontaine. Ela pouco se importava, a rameira: escondida em um conto de Mérimée, *A Vênus de Ille*, esperava até que eu o lesse a fim de me saltar à garganta. Os enterros não me inquietavam, tampouco as tumbas; por volta dessa época minha avó Sartre caiu enferma e morreu; minha mãe e eu chegamos a Thiviers, convocados por telegrama, quando ela ainda vivia. Preferiram afastar-me dos lugares onde aquela longa existência infeliz acabava de desfazer-se; amigos encarregaram-se de mim, alojaram-me; para me ocupar, davam-me jogos de circunstância, instrutivos, todos enlutados de tédio. Joguei, li, apliquei meu afã em fazer alarde de um recolhimento exemplar, mas não sentia nada. Nada tampouco senti quando acompanhamos o carro fúnebre até o cemitério. A morte brilhava por sua ausência: falecer não era morrer, a metamorfose daquela velha em laje funerária não me desagradava; havia transubstanciação, acesso ao ser, tudo se passava, em suma, como se eu me tivesse transformado, pomposamente, no sr. Simonnot. Por este motivo sempre gostei e ainda gosto dos cemitérios italianos: neles, a pedra é atormentada, é todo um homem barroco, um medalhão nela se incrusta, emoldurando uma foto que lembra o defunto em seu estado primitivo. Quando eu tinha sete anos, encontrava a verdadeira Morte, a Ceifeira, em toda parte, mas nunca lá. O que era ela? Uma pessoa e uma ameaça. A pessoa era louca; quanto à ameaça, ei-la: bocas de sombra podiam abrir-se em toda parte, em pleno dia, sob o mais radioso sol, e me abocanhar. Havia um reverso horrível das coisas, quando se perdia a razão, a gente o via; morrer era impelir o desatino ao extremo e nele se abismar. Eu vivia no terror, era uma autêntica neurose. Se procuro a razão disso, vem o seguinte: criança mimada, dom providencial, minha profunda inutilidade me era tanto mais manifesta quanto o ritual familiar me parecia constantemente de uma necessidade forjada. Eu me sentia demais, portanto cumpria sumir. Eu era um desabrochamento desbotado em perpétua instância de abolição. Em outros termos, eu estava condenado, de um segundo a outro podiam aplicar a sentença. Eu a recusava, no entanto, com todas as minhas forças, não porque minha existência me fosse cara, mas, ao contrário, porque eu não me apegava a ela: quanto mais absurda a vida, menos suportável é a morte.

Deus poderia livrar-me do apuro: eu teria sido uma obra-prima assinada; certo de contar com a minha parte no concerto universal, teria esperado pacientemente que Ele me revelasse seus desígnios e minha necessidade. Eu pressentia a religião, estava à sua espera, era o remédio. Se ela me tivesse sido recusada, eu próprio inventá-la-ia. Não me foi recusada: educado na fé católica, aprendi que o Todo-Poderoso me criara para a sua maior glória: era mais do que eu ousava sonhar. Mas, posteriormente, no Deus *fashionable* que me ensinaram, não mais reconheci aquele que minha alma aguardava: eu precisava de um Criador, davam-me um Grande Patrão; os dois não eram senão um, mas eu o ignorava; eu servia sem calor o Ídolo fariseu e a doutrina oficial me desgostava de procurar minha própria fé. Que sorte! Confiança e desolação convertiam minha alma num campo de eleição para semear o céu: sem este desdém, eu seria monge. Porém minha família fora atingida pelo lento movimento de descristianização que nasceu na alta burguesia voltairiana e levou um século para estender-se a todas as camadas da sociedade: sem tal enfraquecimento geral da fé, Louise Guillemin, senhorita católica da província, teria feito mais cerimônia para desposar um luterano. Naturalmente, todo mundo era crente em nossa casa: por discrição. Sete ou oito anos após o ministério Combes, a descrença declarada conservava a violência e o desalinho da paixão; um ateu era um original, um furioso que não se convidava para jantar pelo receio de que "fizesse uma surtida", um fanático atravancado de tabus que recusava a si próprio o direito de ajoelhar-se nas igrejas, de casar aí suas filhas e aí chorar deliciosamente, que se obrigava a provar a verdade de sua doutrina pela pureza de seus costumes, que se encarniçava contra si mesmo e contra sua felicidade a ponto de se privar do meio de morrer consolado, um maníaco de Deus que via em toda parte Sua ausência e que não conseguia abrir a boca sem pronunciar Seu nome; em suma, um senhor que tinha convicções religiosas. O crente não as tinha absolutamente: após dois mil anos, as certezas cristãs haviam tido tempo de ser comprovadas, pertenciam a todos, delas exigia-se que brilhassem no olhar de um padre, na meia-luz de uma igreja, e que iluminassem as almas, mas ninguém precisava retomá-las por sua conta; era patrimônio comum. A boa sociedade acreditava em Deus para não falar d'Ele. Como a religião parecia tolerante! Como era cômoda: o cristão podia desertar a Missa e casar religiosamente seus filhos, sorrir das "*bondieuseries*"[6] de Saint-Sulpice e derramar lágrimas ao ouvir a *Marcha nupcial de Lohengrin*; ele não era obrigado a levar uma vida exemplar nem a morrer no desespero, nem sequer a fazer-se cremar. Em nosso meio, em minha família, a fé não passava de um nome de aparato para a suave liberdade francesa; haviam-me batizado, como a tantos outros, a fim de preservar minha independência: negando-me o batismo, temiam violentar minha alma; católico registrado, eu era livre, eu era normal: "Mais tarde", diziam, "poderá fazer o que quiser". Julgava-se então muito mais difícil ganhar a fé do que perdê-la.

Charles Schweitzer era comediante demais para prescindir de um Grande Espectador, mas quase não pensava em Deus, salvo nos momentos de apuro; certo de o reencontrar na hora da morte, mantinha-o à parte de sua vida. Na intimidade, por fidelidade às nossas províncias perdidas, à grossa jovialidade dos antipapistas, seus irmãos, não deixava escapar uma ocasião de expor o catolicismo ao ridículo: suas palavras à mesa assemelhavam-se às de Lutero. Acerca de Lourdes, era inesgotável: Bernadette vira "uma mulher que trocava de camisola"; um paralítico fora mergulhado na piscina e, quando o retiraram, "via com os dois olhos". Ele contava a vida de são Labre, coberto de pulgas, a de santa Maria Alacoque, que juntava as dejeções dos doentes com a língua. Semelhantes patranhas me prestaram serviço: sentia-me tanto mais propenso a elevar-me acima dos bens deste mundo quanto não possuía nenhum, e teria descoberto sem dificuldade minha vocação no meu confortável despojamento; o misticismo convém às pessoas

---

[6] Quinquilharias religiosas. (N.T.)

deslocadas, às crianças extranumerárias: para me precipitar nele, bastaria apresentar-me o caso pelo outro extremo; eu me arriscava a ser uma presa da santidade. Meu avô me dissuadiu disso para sempre: eu a vi com seus olhos, esta loucura cruel me enjoou com a insipidez de seus êxtases, me terrificou com seu desprezo sádico pelo corpo; as excentricidades dos santos não apresentavam maior sentido do que as do inglês que mergulhou no mar de smoking. Ouvindo tais relatos, minha avó fazia cara de se indignar, chamava o marido de "incréu" e "bíblia", dava-lhe tapinhas nos dedos, mas a indulgência de seu sorriso acabava por me desenganar; ela não acreditava em nada; apenas seu ceticismo a impedia de ser ateia. Minha mãe evitava intervir; tinha o "Deus dela" e não lhe pedia nada mais, exceto que a consolasse em segredo. O debate prosseguia em minha cabeça, enfraquecido: um outro eu mesmo, meu irmão negro, contestava languidamente todos os artigos de fé; eu era católico e protestante, unia o espírito de crítica ao espírito de submissão. No fundo, tudo isso me chateava: fui levado à descrença, não pelo conflito dos dogmas, mas pela indiferença dos meus avós. No entanto, eu acreditava: de camisola, de joelhos sobre a cama, com as mãos juntas, fazia todos os dias minha oração, mas pensava cada vez menos frequentemente no bom Deus. Minha mãe me levava às quintas-feiras à instituição do padre Dibildos: eu seguia aí um curso de instrução religiosa em meio de crianças desconhecidas. Meu avô fizera a coisa tão bem que eu considerava os curas como animais curiosos; embora fossem os ministros de *minha* confissão, eram para mim mais estranhos que os pastores, por causa do hábito e do celibato. Charles Schweitzer respeitava o padre Dibildos — "um homem de bem!"—, a quem conhecia pessoalmente, mas seu anticlericalismo era tão declarado que eu transpunha o portão do curso com a sensação de penetrar em território inimigo. Quanto a mim, não detestava os padres: assumiam para falar comigo o rosto terno, amassado pela espiritualidade, o ar de benevolência maravilhada, o olhar infinito que eu apreciava particularmente na sra. Picard e em outras velhas amigas musicistas de minha mãe; era meu avô quem os detestava por mim. Fora o primeiro a ter a ideia de me confiar a seu amigo, o padre, mas encarava com inquietude o pequeno católico que lhe devolviam na quinta à noite, buscava em meus olhos o progresso do papismo e não se privava de troçar de mim. Esta falsa situação não durou mais de seis meses. Um dia, entreguei ao instrutor uma composição francesa sobre a Paixão; ela fizera as delícias de minha família e minha mãe a copiara de seu punho. Só obteve a medalha de prata. Esta decepção me afundou na impiedade. Uma doença, as férias, impediram-me de voltar à Instituição Dibildos; no reinício das aulas, exigi que não mais me mandassem lá. Durante muitos anos ainda, entretive relações públicas com o Todo-Poderoso; na intimidade, deixei de frequentá-lo. Uma só vez experimentei a sensação de que Ele existia. Eu brincara com fósforos e queimara um pequeno tapete; estava dissimulando meu crime, quando de súbito Deus me viu; senti Seu olhar dentro de minha cabeça e sobre minhas mãos; eu rodopiava pelo banheiro, horrivelmente visível, um alvo vivo. A indignação me salvou: enfureci-me contra tão grosseira indiscrição, blasfemei, murmurei como meu avô: "Maldito nome de Deus, nome de Deus, nome de Deus." Nunca mais ele me contemplou.

Acabo de contar a história de uma vocação falhada: eu tinha necessidade de Deus, ele me foi dado, eu o recebi sem compreender que o procurava. Por não deitar raiz em meu coração, vegetou em mim algum tempo, depois morreu. Hoje, quando me falam d'Ele, digo com o divertimento sem mágoa de um velho bonitão que encontra uma antiga beldade: "Há cinquenta anos, sem aquele mal-entendido, sem aquele menosprezo, sem o acidente que nos separou, poderia ter havido algo entre nós."

Não houve nada. Todavia, meus negócios iam de mal a pior. Meu avô se irritava com minha longa cabeleira: "É um rapaz", dizia ele a minha mãe, "você vai fazer dele uma menina; não quero que meu neto se torne um mariquinhas!". Anne-Marie manteve-se firme; ela gostaria, penso, que eu fosse uma menina de verdade; como seria feliz em cumular de mercês sua triste infância ressuscitada. Não tendo sido atendida pelo Céu, deu jeito: eu teria o sexo dos anjos, indeterminado, mas feminino nos bordos. Terna, ensinou-me a ternura; minha solidão realizou o resto e me afastou dos jogos violentos. Um dia — eu tinha sete anos — meu avô não aguentou mais: pegou-me pela mão, anunciando que me levava a passear. Mas, tão logo dobramos a esquina, meteu-me dentro do salão de barbeiro, dizendo: "Vamos fazer uma surpresa para a sua mãe." Eu adorava as surpresas. Havia sempre alguma em nossa casa. Segredinhos divertidos ou virtuosos, presentes imprevistos, revelações teatrais seguidas de abraços: era o tom de nossa vida. Quando me retiraram o apêndice, minha mãe não murmurara palavra a Karl para poupá-lo de angústias que, de qualquer maneira, ele não sentiria. Meu tio Auguste dera o dinheiro; regressando clandestinamente de Arcachon, nos escondemos numa clínica de Courbevoie. No segundo dia após a operação, Auguste fora ver meu avô: "Quero", disse ele, "lhe dar uma boa-nova". Karl foi enganado pela afável solenidade daquela voz: "Você vai se casar de novo!" "Não", respondeu meu tio sorrindo, "mas tudo correu muito bem". "Tudo o quê?" etc. etc. Em suma, os lances teatrais faziam parte de meu cotidiano e observei com benevolência meus cachos rolarem pela toalha branca que me envolvia o pescoço e caírem sobre o assoalho, inexplicavelmente empanados; voltei para casa glorioso e tonsurado.

Houve gritos mas nenhum abraço, e minha mãe fechou-se no quarto para chorar: sua filhinha fora trocada por um garotinho. Havia algo pior: enquanto ondulavam em torno de minhas orelhas, meus belos anéis permitiram-lhe recusar a evidência de minha feiura. Já então, todavia, meu olho direito entrava no crepúsculo. Foi mister que ela se confessasse a verdade. Meu avô parecia, por sua vez, totalmente desnorteado; haviam-lhe confiado a sua pequena maravilha e ele devolvera um sapo: era minar pela base seus futuros maravilhamentos. Mamie o olhava, divertida. Ela disse simplesmente: "Karl não está orgulhoso com sua obra; ele está meio ressabiado."

Anne-Marie teve a bondade de me ocultar a causa de sua tristeza. Não vim a sabê-la senão aos 12 anos e brutalmente. Mas eu me sentia mal em minha pele. Os amigos da família atiravam-me olhares inquietos ou perplexos que eu surpreendia muitas vezes. Meu público ficava dia a dia mais difícil; precisei me gastar; carreguei nos efeitos e acabei representando falso. Conheci os terrores de uma atriz que envelhece: aprendi que outros também podiam agradar. Duas lembranças me restaram, algo posteriores, porém marcantes.

Eu tinha nove anos, chovia; no hotel de Noirétable, éramos dez crianças, dez gatos no mesmo saco; para nos ocupar, meu avô acedeu em escrever e encenar uma peça patriótica de dez personagens. Bernard, o mais velho do bando, recebeu o papel do pai Struthoff, um rude benfeitor. Eu era um jovem alsaciano: meu pai optara pela França e eu atravessava a fronteira, secretamente, a fim de me reunir a ele. Haviam-me preparado várias tiradas: eu estendia o braço direito, inclinava a cabeça e murmurava, escondendo meu rosto de prelado na cava de meu ombro: "Adeus, adeus, nossa querida Alsácia." Comentava-se nos ensaios que eu estava para lá de bom; isso não me espantava. A apresentação realizou-se no jardim; dois maciços de carvão e a parede do hotel delimitavam a cena; os pais foram acomodados em cadeiras de junco. As crianças divertiam-se como doidas; salvo eu. Convencido de que a sorte da peça estava em minhas mãos, eu me empenhava em agradar, por devotamento à causa comum; julgava todos os olhos fixos em mim. Esforcei-me demais; os aplausos foram para Bernard, menos amaneirado. Tê-lo-ei compreendido? Ao fim da representação, procedia ele à coleta: insinuei-me às suas costas e puxei-lhe a barba, que ficou em minha mão. Era um repente de vedete, só para fazer rir; eu me sentia todo esquisito e saltava de um pé para o outro brandindo meu troféu. Ninguém ria. Minha mãe me tomou pela mão e, vivamente, me afastou: "O que é que deu em você?", perguntou-me, contrariada. "A barba era tão bonita! Todo mundo soltou um 'Oh' de estupefação." Já minha avó se reunia a nós com as últimas notícias: a mãe de Bernard dissera que eu fizera aquilo por inveja. "Está vendo o que a gente ganha quando fica saliente!" Escapei, corri ao nosso quarto, fui plantar-me diante do armário de espelho e fiquei careteando por muito tempo.

A sra. Picard era de opinião que uma criança pode ler tudo: "Um livro nunca faz mal quando é bem-escrito." Em sua presença, eu pedira certa vez licença para ler *Madame Bovary* e minha mãe assumira a sua voz mais musical: "Mas se meu benzinho ler esse gênero de livro em sua idade, o que fará quando for grande?" "Vou vivê-los!" Esta réplica obteve o mais franco e o mais duradouro êxito. Sempre que nos visitava, a sra. Picard aludia ao fato e minha mãe exclamava ralhadora e lisonjeada: "Blanche! Faça-me o favor de calar-se, você ainda vai estragá-lo!" Eu amava e desprezava aquela velha pálida e gorda, meu melhor público; quando me anunciavam sua vinda, eu me sentia genial: sonhei que ela havia perdido as saias e que eu lhe via o traseiro, o que era uma maneira de render homenagem à sua espiritualidade. Em novembro de 1915, ela me presenteou com um livrinho de couro vermelho, dourado nas bordas. Estávamos instalados, na ausência de meu avô, em seu gabinete de trabalho; as mulheres falavam com animação, em tom mais baixo do que em 1914, porque estávamos em guerra; uma bruma suja e amarela colava-se às janelas, cheirava a fumo congelado. Abri o livrinho e fiquei a princípio decepcionado: esperava que fosse um romance, contos; nas pequenas folhas multicores, li vinte vezes o mesmo questionário. "Preencha-o", recomendou-me ela, "e faça com que seus amiguinhos também o preencham: você terá belas lembranças". Compreendi que me ofereciam uma oportunidade de ser maravilhoso: desejei responder na hora, sentei-me à secretária de meu avô, coloquei o livrinho sobre o mata-borrão da pasta da mesa, peguei a caneta com cabo de galalite, mergulhei-a no vidro de tinta vermelha e pus-me a escrever enquanto os adultos trocavam olhares divertidos. De um salto eu me empoleirara mais alto do que minha alma a fim de efetuar a caça às "respostas acima de minha idade". Infelizmente, o questionário não me ajudava, interrogavam-me sobre os meus agrados e desagrados: qual era minha cor preferida, meu perfume favorito? Inventava sem entusiasmo predileções, quando surgiu a ocasião de brilhar: "Qual é seu desejo mais caro?" Respondi sem vacilar: "Ser soldado e vingar os mortos." A seguir, excitado demais para poder continuar, saltei para o chão e levei minha obra aos adultos. Os olhares aguçaram-se, a sra. Picard ajustou os óculos, minha mãe debruçou-se sobre o ombro dela, uma e outra avançavam os lábios com malícia. As cabeças levantaram-se juntas: minha mãe corara, a sra. Picard me entregou o livrinho: "Sabe, meu caro amiguinho, isso só é interessante quando se é sincero." Julguei morrer. Meu erro saltava aos olhos; pediam a criança prodígio, e eu apresentara a criança sublime. Para minha desgraça, aquelas senhoras não tinham ninguém na linha de frente: o sublime militar permanecia sem efeito sobre suas almas moderadas. Desapareci, fui caretear diante de um espelho. Quando me lembro hoje daqueles trejeitos, compreendo que asseguravam minha proteção; contra as fulgurantes descargas da vergonha, eu me defendia com um bloqueio muscular. Além disso, levando ao extremo meu infortúnio, livraram-me dele: eu me precipitava na humildade a fim de esquivar a humilhação, eu me subtraía os meios de agradar a fim de esquecer que eu os possuíra e que fizera mau uso deles; o espelho me prestava grande auxílio: eu o encarregava de me informar que eu era um monstro; se o conseguia, meus agros remorsos se transformavam em piedade. Mas sobretudo, como o meu malogro revelasse minha servilidade, eu me fazia hediondo para torná-lo impossível, para renegar os homens e para que eles me renegassem. A Comédia do Mal era encenada contra a Comédia do Bem; Éliacin assumia o papel de Quasímodo. Por torção e plissagem combinadas, eu decompunha meu rosto; eu me vitriolava a fim de apagar meus antigos sorrisos.

Era pior o remédio do que o mal: contra a glória e a desonra, tentara refugiar-me em minha verdade solitária; mas eu não dispunha de verdade alguma: encontrava em mim apenas uma insipidez espantada. Sob meus olhos, uma medusa chocava-se com o vidro do aquário, franzia molemente seu colarete, esfiava-se nas trevas. A noite caiu, nuvens de tinta diluíram-se pelo espelho, amortalhando minha última encarnação. Privado de álibi, caí em mim mesmo. No escuro, adivinhava uma hesitação indefinida, um roçamento, pulsações, toda uma besta viva — a mais terrificante e a única que eu não podia temer. Fugi, fui retomar às luzes meu papel de querubim murcho. Em vão. O espelho me ensinara o que eu sabia desde sempre: eu era horrivelmente natural. Nunca mais me refiz.

Idolatrado por todos, denegado por cada um, eu era um pago por cota e não contava, aos sete anos, senão com recurso a mim que não existia ainda, palácio de espelho deserto onde o século nascente mirava seu tédio. Nasci para satisfazer a grande necessidade que eu tinha de mim mesmo; conhecera até então apenas as vaidades de um cão de luxo; acuado no orgulho, tornei-me o Orgulhoso. Já que ninguém me reivindicava *seriamente*, levantei a pretensão de ser indispensável ao universo. Que há de mais soberbo? Que há de mais imbecil? Na verdade, eu não tinha escolha. Viajante clandestino, eu adormecera no banco e o inspetor me sacudia: "Sua passagem!" Cumpria-me reconhecer que eu não tinha passagem. Nem dinheiro para pagar na hora o preço da viagem. Eu começava a defender o culpado: esquecera os meus documentos de identidade em casa, e nem sequer me lembrava mais de como eu iludira a vigilância do picotador de bilhetes, mas admitia que me introduzira fraudulentamente no vagão. Longe de contestar a autoridade do inspetor, eu protestava vivamente o meu respeito por suas funções e me submetia de antemão à sua decisão. Neste ponto extremo da humildade, não podia mais me salvar a não ser invertendo a situação: eu revelava, pois, que razões importantes e secretas me chamavam a Dijon, razões que interessavam à França e talvez à humanidade. A encarar as coisas sob essa nova luz, não se acharia pessoa, em toda a composição, que tivesse como eu o direito de ocupar nela um lugar. Tratava-se, sem dúvida, de uma lei superior que contradizia o regulamento, mas, assumindo a responsabilidade de interromper minha viagem, o inspetor provocaria graves complicações cujas consequências cairiam sobre sua cabeça; eu o conjurava a refletir: era razoável condenar a espécie inteira à desordem a pretexto de manter a ordem num trem? Assim é o orgulho: a defesa dos miseráveis. Só têm direito de ser modestos os viajantes munidos de passagem. Eu nunca sabia se obtivera ganho de causa: o inspetor guardava silêncio; eu recomeçava minhas explicações; enquanto eu falasse, estava certo de que ele não me obrigaria a descer. Permanecíamos face a face, um mudo e o outro inesgotável, no trem que nos transportava para Dijon. O trem, o inspetor e o delinquente eram eu. E eu também era um quarto personagem; este, o organizador, alimentava um único desejo: embair-se, ainda que fosse por um só minuto, esquecer que fora ele quem armara tudo. A Comédia familial me serviu: chamavam-me dádiva do céu, era de rir, e eu não o ignorava; empanturrado de enternecimentos, eu tinha a lágrima fácil e o coração duro: quis tornar-me um presente útil à procura de seus destinatários; ofereci minha pessoa à França, ao mundo. Os homens pouco me importavam, mas, já que era preciso passar por eles, seus prantos de alegria far-me-iam saber que o Universo me escolhia com reconhecimento. Alguém poderá pensar que eu era muito presunçoso. Não: eu era órfão de pai. Filho de ninguém, fui minha própria causa, cúmulo de orgulho e cúmulo de miséria; eu fora posto no mundo pelo impulso que me levava para o bem. O encadeamento parece claro: feminizado pela ternura materna, desenxabido pela ausência do rude Moisés que me engendrara, enfatuado pela adoração de meu avô, eu era puro objeto, devotado por excelência ao masoquismo se tivesse conseguido acreditar na Comédia familial. Mas não; ela me agitava apenas na superfície, enquanto o fundo permanecia frio, injustificado; o sistema me horrorizou, passei a detestar os delíquios felizes, o abandono, este corpo em demasia acariciado, em demasia festejado; acabei opondo-me a mim mesmo, caí no orgulho e no sadismo; em outros termos, na generosidade. Esta, como a avareza ou o racismo, não é senão um bálsamo secretado para curar nossas chagas íntimas e que acaba nos envenenando: a fim de escapar ao desamparo da criatura, eu me preparava a mais irremediável solidão burguesa: a do criador. Cumpre não confundir esta guinada de direção com uma verdadeira revolta: a gente se rebela contra um carrasco e eu só tinha benfeitores. Durante muito tempo, fui cúmplice deles. De resto, eram eles que me haviam batizado de dom da Providência: limitei-me a empregar para outros fins os instrumentos de que dispunha.

Tudo se passou em minha cabeça; criança imaginária, defendi-me pela imaginação. Quando revejo minha vida, dos seis aos nove anos, fico impressionado com a continuidade de meus exercícios espirituais. Mudaram amiúde de conteúdo, mas o programa não variou; eu realizara uma entrada falsa, eu me retirava para trás de um biombo e recomeçava meu nascimento no instante oportuno, no minuto mesmo em que o Universo me reclamava silenciosamente.

Minhas primeiras histórias não foram mais do que a repetição do *L'Oiseau bleu*, do *Gato de botas*, dos contos de Maurice Bouchor. Narravam-se sozinhas atrás de minha testa, entre minhas arcadas superciliares. Mais tarde, ousei retocá-las, atribuir-me nelas um papel. Mudaram de natureza; eu não gostava das fadas, havia demasiadas à minha volta: as façanhas substituíram a *féerie*. Tornei-me um herói; renunciei a meus encantos; não se tratava mais de agradar, porém de se impor. Abandonei minha família: Karlemami, Anne-Marie foram excluídos de minhas fantasias. Farto de gestos e atitudes, realizei verdadeiros atos em sonhos. Inventei um universo difícil e mortal — o de *Cri-Cri*, o de *L'Épatant*, o de Paul d'Ivoi —; no lugar da necessidade e do trabalho, que eu ignorava, coloquei o perigo. Nunca estive mais longe de contestar a ordem estabelecida: seguro de habitar o melhor dos mundos, dei-me por obrigação purgá-lo de seus monstros; tira e linchador, oferecia em sacrifício um bando de salteadores cada noite. Nunca promovi guerra preventiva nem expedição punitiva; eu matava sem prazer nem cólera, para arrancar as mocinhas da morte. Essas frágeis criaturas me eram indispensáveis: elas me exigiam. É evidente que não podiam contar com minha ajuda, pois não me conheciam. Mas eu as metia em tão grandes perigos que ninguém, a não ser eu, poderia salvá-las. Quando os janízaros brandiam as curvas cimitarras, um gemido percorria o deserto e os penhascos diziam à areia: "Alguém está faltando aqui: é Sartre." No mesmo instante, eu afastava o biombo, fazia voar as cabeças a golpes de espada, nascia num rio de sangue. Felicidade de aço! Eu estava em meu lugar.

Eu nascia para morrer: salva, a criança se atirava aos braços do margrave, seu pai; eu me afastava, era preciso voltar a ser supérfluo ou procurar novos assassinos. Eu os descobria. Campeão da ordem estabelecida, situara minha razão de ser na perpétua desordem: sufocava o Mal em meus braços, morria com sua morte e ressuscitava com sua ressurreição; era um anarquista de direita. Nada transpirou dessas boas violências; eu continuava servil e zeloso: não se perde tão facilmente o hábito da virtude; mas, toda noite, eu esperava impacientemente o fim da palhaçada cotidiana, corria para minha cama, despachava minha oração e me enfiava debaixo das cobertas; ansiava por reencontrar minha louca temeridade. Envelhecia nas trevas, tornava-me um adulto solitário, sem pai nem mãe, sem eira nem beira, quase sem nome. Caminhava sobre um telhado em chamas, carregando em meus braços uma mulher desfalecida; abaixo de mim, a multidão gritava: era patente que o prédio ia desabar. Nesse instante, eu pronunciava as palavras fatídicas: "Continua no próximo número." "O que é que você está dizendo?", perguntava minha mãe. Eu respondia prudentemente: "Eu me deixo em suspenso." E o fato é que adormecia, em meio dos perigos, numa deliciosa insegurança. Na noite seguinte, fiel ao encontro marcado, eu voltava a meu telhado, às chamas, a uma morte certa. De repente, avistava uma goteira que não observara na véspera. Salvos, meu Deus! Mas como me agarrar a ela sem largar minha preciosa carga? Felizmente, a moça recuperava os sentidos; eu a transportava sobre as costas, ela enlaçava os braços em meu pescoço. Não, pensando bem, eu a mergulhava de novo na inconsciência: por menos que contribuísse para o próprio salvamento, meu mérito diminuiria outro tanto. Por sorte, havia aquela corda a meus pés: eu amarrava felizmente a vítima a seu salvador, o resto não passava de brincadeira. Ilustres senhores — o prefeito, o chefe de polícia, o capitão dos bombeiros — me acolhiam de braços abertos, conferiam-me beijos, uma medalha, e eu perdia minha segurança, não sabia mais o que fazer de mim: os braços daquelas altas personalidades pareciam-se muito com os de meu avô. Eu apagava tudo, recomeçava: era noite, uma moça pedia socorro, eu entrava no barulho... *Continua no próximo número*. Eu arriscava a pele só pelo momento sublime que transformaria uma besta do acaso em passante providencial, mas sentia que não sobreviveria à minha vitória e ficava mais do que feliz em adiá-la para o dia seguinte.

Haverá quem se surpreenda em deparar-se com esses sonhos de topetudo em um rabiscador prometido ao clericato; as inquietações da infância são metafísicas; para acalmá-las não é mister absolutamente derramar sangue. Então nunca sonhei em ser um médico heroico e salvar meus concidadãos da peste bubônica ou da cólera? Nunca, confesso. No entanto, eu não era feroz nem guerreiro, e não é minha culpa se este século nascente me fez épico. Vencida, a França formigava de heróis imaginários, cujas façanhas lhe curavam o amor-próprio. Oito anos antes de meu nascimento, Cyrano de Bergerac havia "espocado como uma fanfarra de calças vermelhas". Um pouco mais tarde, *L'Aiglon*[7] altivo e mortificado precisou apenas aparecer para apagar o incidente de Fachoda. Em 1912, eu ignorava tudo dessas altas personalidades, mas estava em contato constante com seus epígonos: adorava o Cyrano da Gatunagem, Arsène Lupin, sem saber que ele devia a força hercúlea, a coragem maliciosa, a inteligência bem francesa à tunda que levamos em 1870. A agressividade nacional e o espírito de desforra convertiam todas as crianças em vingadores. Tornei-me um vingador como todo mundo; seduzido pela caçoada, pelo penacho, estes insuportáveis defeitos dos vencidos, ridicularizava os vagabundos antes de lhes moer o lombo de pancadas. Mas as guerras me entediavam, eu apreciava os afáveis alemães que frequentavam a casa de meu avô, e só me interessava pelas injustiças privadas; em meu coração sem ódio, as forças coletivas transformaram-se: eu as empregava em alimentar meu heroísmo individual. Não importa; estou marcado; se cometi, em um século de ferro, o louco equívoco de tomar a vida por uma epopeia, é porque sou neto da derrota. Materialista convicto, meu idealismo épico há de compensar até a minha morte uma afronta que não sofri, uma vergonha que não suportei, a perda de duas províncias que nos foram devolvidas há muito tempo.

Os burgueses do século passado jamais esqueceram sua primeira noite no teatro, e seus escritores se incumbiram de relatar as circunstâncias. Quando a cortina se abriu, as crianças acreditaram estar na corte. O ouro e a púrpura, as luzes, os uniformes, a ênfase e os artifícios punham o sagrado até no crime; em cena, viram ressuscitar a nobreza que seus avós haviam assassinado. Nos entreatos, o escalonamento das galerias oferecia-lhes a imagem da sociedade; mostrava-lhes, nos camarotes, espáduas nuas e nobres em carne e osso. Eles voltaram às suas casas, estupefatos, amolentados, insidiosamente preparados a destinos cerimoniosos, a tornarem-se Jules Favre, Jules Ferry, Jules Grévy. Desafio meus contemporâneos a citar a data de seu primeiro encontro com o cinema. Entramos às cegas em um século sem tradições que havia de sobressair sobre os outros por seus maus modos, e a nova arte, a arte plebeia, prefigurava nossa barbárie.

---

[7] Drama em versos de Edmond de Rostand, cujo herói simboliza as glórias da França. (N.T.)

Nascida em um covil de ladrões, incluída por portaria administrativa entre os divertimentos de feira, apresentava costumes popularescos que escandalizavam as pessoas sérias; era a diversão das mulheres e das crianças; nós a adorávamos, minha mãe e eu, mas quase não pensávamos nela e nunca falávamos dela: fala-se do pão, se este não falta? Quando nos demos conta de sua existência, havia muito que se tornara nossa principal necessidade.

Nos dias de chuva, Anne-Marie me perguntava o que eu desejava fazer; hesitávamos longamente entre o circo, o Châtelet, a Maison Électrique e o Museu Grévin; no último momento, com uma negligência calculada, decidíamos entrar numa sala de projeção. Meu avô aparecia à porta de seu gabinete quando abríamos a do apartamento; indagava: "Aonde vão vocês, crianças?" "Ao cinema", dizia minha mãe. Ele franzia as sobrancelhas, e ela acrescentava logo: "Ao cinema do Panthéon, é aí ao lado, basta atravessar a rua Soufflot." Ele nos deixava partir, dando de ombros; diria na quinta-feira seguinte ao sr. Simonnot: "Vejamos, Simonnot, você que é um homem sério, você compreende isso? Minha filha leva meu neto ao cinema!", e o sr. Simonnot responderia com voz conciliadora: "Eu nunca fui, mas minha mulher vai às vezes."

A sessão já começara. Seguíamos a lanterninha cambaleando, eu me sentia clandestino; acima de nossas cabeças, um feixe de luz branca atravessava a sala, via-se dançar nele poeira, fumaça; um piano rinchava, peras violeta luziam na parede, o odor de verniz do desinfetante picava-me a garganta. O cheiro e os frutos dessa noite povoada confundiam-se em mim; comia as lampadazinhas, enchia-me de seu gosto acidulado. Eu raspava minhas costas em joelhos, acomodava-me num assento rangente, minha mãe introduzia uma coberta dobrada sob minhas nádegas a fim de me alçar; por fim eu olhava a tela, descobria um giz fluorescente, paisagens pestanejantes, raiadas de aguaceiros; chovia sempre, mesmo em pleno sol, mesmo nos apartamentos; às vezes um asteroide em chamas cruzava o salão de uma baronesa sem que ela parecesse espantada. Eu amava esta chuva, esta inquietação sem repouso que trabalhava a muralha. O pianista atacava a abertura das *Grutas de Fingal* e todo mundo compreendia que o criminoso ia aparecer: a baronesa ficava doida de medo. Mas seu belo rosto carbunculoso cedia lugar a um letreiro malva: "Fim da primeira parte." Era a brusca desintoxicação, a luz. Onde me encontrava eu? Em uma escola? Em uma repartição? Não havia o menor ornamento: fileiras de *strapontins*[8] que deixavam transparecer, por baixo, as molas, paredes borradas de ocre, um assoalho juncado de tocos de cigarro e escarros. Rumores abafados enchiam a sala, reinventava-se a linguagem, a lanterninha apregoava bombons ingleses, minha mãe os comprava, eu os metia na boca, chupava as luzinhas de parede. As pessoas esfregavam os olhos, cada qual descobria seus vizinhos. Soldados, domésticas do bairro; um velho ossudo mascava tabaco, operários cabeludos riam alto: todo esse mundo não era o nosso mundo; felizmente, pousados de espaço em espaço sobre aquela plateia de cabeças, grandes chapéus palpitantes tranquilizavam.

A meu defunto pai, a meu avô, familiares dos balcões de segunda, a hierarquia social do teatro dera o gosto pelo cerimonial: quando muitos homens estão juntos, cumpre separá-los por meio de ritos ou então eles se matam. O cinema provava o contrário: mais do que uma festa, o seu público tão mesclado parecia reunido por uma catástrofe; morta, a etiqueta desmascarava enfim o verdadeiro vínculo dos homens, a aderência. Tomei aversão pelas cerimônias, adorei as multidões; vi multidões de toda espécie, porém nunca mais encontrei aquela nudez, aquela presença sem recuo de cada um em todos, aquele sonho desperto, aquela consciência obscura do perigo de ser homem, exceto em 1940, no Stalag XII D.

Minha mãe se afoitou a ponto de me conduzir às salas do Boulevard: ao Kinerama, às Folies Dramatiques, ao Vaudeville, ao Gaumont Palace, que se chamava então Hippodrome. Vi *Zigomar* e *Fantômas*, *Les Exploits de Maciste*, *Les Mystères de New York*: as douraduras me estragavam o prazer. O Vaudeville, teatro fora de função, não queria abdicar de sua antiga grandeza: até o derradeiro minuto, uma cortina vermelha de borlas de ouro mascarava a tela; davam três batidas para anunciar o começo da representação, a orquestra tocava uma *ouverture*, o pano levantava-se, as luzes apagavam-se. Eu ficava irritado com essa cerimônia incongruente, com essas pompas bolorentas que não produziam outro resultado exceto distanciar os personagens; do balcão, no poleiro, impressionados pelo lustre, pelas pinturas do teto, nossos pais não podiam, nem queriam, acreditar que o teatro lhes pertencia: eram nele recebidos. Eu, por meu lado, queria ver o filme *o mais de perto possível*. No desconforto igualitário das salas de bairro, aprendera

---

[8] Assentos suplementares nos teatros e nos cinemas. (N.T.)

que a nova arte pertencia a mim, como a todos. Éramos da mesma idade mental: eu tinha sete anos e sabia ler, ela 12, e não sabia falar. Dizia-se que estava em seus primórdios, que havia de progredir; eu pensava que cresceríamos juntos. Não esqueci nossa infância comum: quando me oferecem um bombom inglês, quando uma mulher, perto de mim, passa esmalte nas unhas, quando respiro, nos sanitários de um hotel provinciano, certo cheiro de desinfetante, quando, em um trem noturno, observo no teto a luzinha violeta, reencontro em meus olhos, em minhas narinas, em minha língua, as luzes e os perfumes daquelas salas desaparecidas; há quatro anos, ao largo das grutas de Fingal, devido ao mau tempo, eu ouvia um piano ao vento.

Inacessível ao sagrado, eu adorava a magia: o cinema era uma aparência suspeita que eu amava perversamente pelo que ainda lhe faltava. Aquele fluxo rumorejante era tudo, era nada, era tudo reduzido a nada: eu assistia aos delírios de uma muralha; os sólidos haviam sido desembaraçados de uma maciez que me obstruía até em meu corpo, e meu jovem idealismo se regozijava com esta contração infinita; mais tarde, as translações e as rotações dos triângulos me lembraram o deslizamento das figuras sobre a tela, amei o cinema até na geometria plana. Do preto e do branco eu fazia cores eminentes que resumiam em si todas as outras e só as revelavam ao iniciado; encantava-me de ver o invisível. Acima de tudo, gostava do incurável mutismo de meus heróis. Ou antes ao contrário: não eram mudos, já que sabiam fazer-se compreender. Nós nos comunicávamos pela música, era o rumor de suas vidas interiores. A inocência perseguida não se limitava a exprimir ou mostrar sua dor, impregnava-me desta dor com a melodia que saía dela; eu lia as conversações, mas ouvia a esperança e a amargura, eu surpreendia pelo ouvido a dor altiva que não se declara. Eu estava comprometido; *não era eu* aquela jovem viúva que chorava na tela, e no entanto ela e eu tínhamos uma só alma: a marcha fúnebre de Chopin; não era preciso mais para que seus prantos molhassem meus olhos. Eu me sentia profeta sem poder predizer nada: antes mesmo que o traidor traísse, seu crime entrava em mim; quando tudo parecia tranquilo no castelo, acordes sinistros denunciavam a presença do assassino. Como eram felizes aqueles cowboys, aqueles mosqueteiros, aqueles policiais: o seu futuro estava ali, naquela música premonitória, e governava o presente. Um canto ininterrupto confundia-se com suas vidas, arrastava-os à vitória ou à morte, avançando para o seu próprio fim. Eram esperados: pela moça em perigo, pelo general, pelo traidor emboscado na floresta, pelo amigo amarrado junto de um barril de pólvora e que observava tristemente a chama correr ao longo do rastilho. A corrida desta chama, a luta desesperada da virgem contra o raptor, a galopada do herói pela estepe, o entrecruzamento de todas essas imagens, de todas essas velocidades e, por cima, o movimento infernal da "Corrida ao Abismo", entrecho orquestral extraído da *Danação de Fausto* e adaptado ao piano, tudo isso não constituía senão uma só coisa: era o Destino. O herói punha o pé em terra, extinguia a mecha, o traidor se atirava sobre ele, um duelo a faca principiava: mas os azares desse duelo participavam por sua vez, a rigor, do desenvolvimento musical: eram falsos azares que dissimulavam mal a ordem universal. Que alegria quando o derradeiro golpe de faca coincidia com o derradeiro acorde! Eu me sentia satisfeito, encontrara o mundo em que desejava viver, tocava no absoluto. Que mal-estar, também, quando as lâmpadas tornavam a acender-se: eu me dilacerara de amor por aqueles personagens e eles haviam desaparecido, levando embora o seu mundo; eu sentira sua vitória em meus ossos, todavia era a deles e não a minha: na rua, eu voltava a ser extranumerário.

Decidi tomar a palavra e viver como música. Surgia-me a ocasião toda tarde, por volta das cinco horas. Meu avô dava seus cursos no Institut des Langues Vivantes; minha avó, recolhida em seu quarto, lia Gyp; minha mãe àquela hora já me servira o lanche, pusera o jantar em andamento e dera os últimos conselhos à empregada; sentava-se ao piano e tocava as baladas de Chopin, uma sonata de Schumann, as variações sinfônicas de Franck e às vezes, a pedido meu, a *ouverture* das *Grutas de Fingal*. Eu me introduzia no gabinete; já estava escuro, duas velas ardiam sobre o piano. A penumbra servia-me, eu apanhava a régua de meu avô, era a minha espada, o corta-papel dele era a minha adaga; eu me tornava de improviso a imagem completa de um mosqueteiro. Às vezes, a inspiração fazia-se esperar: a fim de ganhar tempo, eu decidia, espadachim emérito, que um importante assunto me forçava a ficar incógnito. Eu devia suportar os golpes sem devolvê--los e pôr minha coragem em fingir covardia. Rodava pelo aposento, com o olho torvo, a cabeça baixa, arrastando os pés; de vez em quando, por um sobressalto, assinalava que alguém me dera uma bofetada na cara ou um pontapé no traseiro, mas eu evitara a todo custo reagir: anotava o nome de meu insultador. Tomada em dose maciça, a música agia enfim. Como um tambor vodu, o piano me impunha o seu ritmo. A Fantasia-Improviso substituía minha alma, ela me habitava, me concedia um passado desconhecido, um futuro fulgurante e mortal; eu estava possuído, o demônio me pegara e me sacudia como uma ameixeira. A cavalo! Eu era cavalo e cavaleiro; cavalgando e cavalgado, atravessava a toda a brida charnecas, searas, o gabinete, da porta à janela. "Você está fazendo muito barulho, os vizinhos vão reclamar", dizia minha mãe, sem parar de tocar. Eu não lhe respondia, pois estava mudo. Avisto o duque, ponho o pé em terra, informo-lhe pelos movimentos silenciosos de meus lábios que o considero um bastardo. Ele solta sua soldadesca, meus molinetes me constituem uma muralha de aço; de quando em quando, traspasso um peito. Imediatamente, eu fazia meia-volta, virava o espadachim acutilado ao meio, tombava e morria sobre o tapete. Depois, retirava-me devagarinho do cadáver, levantava-me, reassumia meu papel de cavaleiro andante. Eu animava todos os personagens: cavaleiro, eu esbofeteava o duque; girava sobre mim mesmo; duque, eu recebia a bofetada. Mas não encarnava por muito tempo os perversos, ficava sempre impaciente para volver ao primeiro papel, a mim mesmo. Invencível, triunfava sobre todos. Mas, como em minhas histórias noturnas, adiava para as calendas gregas meu triunfo, porque temia o marasmo que se seguiria.

Protejo uma jovem condessa contra o próprio irmão do Rei. Que carnificina! Mas minha mãe virou a página; o *allegro* cede lugar a um terno adágio; concluo velozmente a carnagem, sorrio para a minha protegida. Ela me ama; é a música que o diz. Quanto a mim, também a amo, talvez: um coração apaixonado e lento instala-se em mim. Quando se ama, o que se faz? Pego-lhe o braço, passeio com ela por um prado: isso não podia bastar. Convocados às pressas, os tunantes e a soldadesca me tiravam do apuro: atiravam-se sobre nós, cem contra um; eu matava uns noventa, os dez restantes raptavam a condessa.

É o momento de entrar em meus anos sombrios: a mulher que me ama é cativa, estou com todas as polícias do reino em meus calcanhares; fora da lei, acossado, miserável, resta-me a minha consciência e a minha espada. Eu media o gabinete com um ar abatido, enchia-me da tristeza apaixonada de Chopin. Às vezes, folheava às pressas minha vida, saltava dois ou três anos para me certificar de que tudo acabaria bem, que me devolveriam meus títulos, minhas terras, uma noiva quase intacta, e que o Rei me pediria perdão. Mas, no mesmo instante, pulava para trás, volvia a estabelecer-me, dois ou três anos mais cedo, na desgraça. Esse momento me encantava: a ficção se confundia com a verdade; vagabundo desolado, em busca de justiça, eu parecia um irmão da criança ociosa, embaraçada consigo própria, à procura de uma razão de viver, que vagueava como música pelo gabinete de seu avô. Sem abandonar o papel, aproveitava a semelhança para efetuar a amálgama de nossos destinos: tranquilo quanto à vitória final, via em minhas tribulações o caminho mais seguro para alcançá-la; através de minha abjeção, percebia a glória futura que era a sua verdadeira causa. A sonata de Schumann terminava por me convencer: eu era a criatura que desespera e o Deus que a salvou desde o começo do mundo. Que alegria a de poder desolar-me em pranto; eu tinha direito de encher-me com o universo. Cansado de êxitos fáceis demais, degustava as delícias da melancolia, o acre prazer do ressentimento. O objeto dos mais ternos desvelos, saciado, sem desejos, precipitava-me numa privação imaginária: oito anos de felicidade haviam conseguido apenas infundir-me o gosto pelo martírio. Substituí os meus juízes comuns, todos prevenidos a meu favor, por um tribunal maldisposto, pronto a me condenar sem me ouvir: eu lhe arrancaria a absolvição, felicitações, uma recompensa exemplar. Lera vinte vezes, com paixão, a história de Grisélidis; no entanto, eu não gostava de sofrer, e meus primeiros desejos foram cruéis: o defensor de tantas princesas não se constrangia de açoitar em espírito sua pequena vizinha de andar. O que me agradava neste relato pouco recomendável era o sadismo da vítima e a inflexível virtude que acabava pondo de joelhos o marido carrasco. Era o que eu queria para mim: ajoelhar os magistrados à força, coagi-los a me reverenciar a fim de puni-los por suas prevenções. Mas eu adiava cada dia a absolvição para o dia seguinte; herói sempre futuro, enlanguescia do desejo de uma consagração que eu repelia incessantemente.

Esta dupla melancolia, sentida e representada, traduzia, creio, minha decepção: minhas façanhas, reunidas, não eram senão um rosário de azares; quando minha mãe atacava os derradeiros acordes da Fantasia--Improviso, eu recaía no tempo sem memória dos órfãos privados de pai, dos cavaleiros errantes privados de órfãos; herói ou escolar, fazendo e refazendo os mesmos ditados, as mesmas proezas, permanecia encerrado nesta masmorra: a repetição. Contudo, o futuro existia, o cinema o havia revelado a mim; eu sonhava em ter um destino. Os arrufos de Grisélidis acabaram cansando-me: em vão eu fizera recuar indefinidamente o minuto histórico de minha glorificação, eu não o convertia num verdadeiro porvir: não passava de um presente postergado.

Foi por volta dessa época — 1912 ou 1913 — que li *Miguel Strogoff*. Chorei de alegria: que vida exemplar! Para mostrar seu valor, aquele oficial não precisava esperar a boa vontade dos salteadores: uma ordem de cima o tirara da sombra, vivia para obedecer-lhe e morria por seu triunfo; pois essa glória era uma morte: virada a última página do livro, Miguel se encerrava vivo em seu pequeno ataúde de borda dourada. Nenhuma inquietação: estava justificado desde seu primeiro aparecimento. Nem o mínimo acaso: é verdade que ele se deslocava continuamente, mas grandes interesses, sua coragem, a vigilância do inimigo, a natureza do terreno, os meios de comunicação e vinte outros fatores, todos dados de antemão, permitiam a cada instante assinalar a sua posição no mapa. Não havia repetição: tudo mudava, era preciso que ele se mudasse incessantemente, seu futuro o iluminava, ele se guiava por uma estrela. Três meses mais tarde, reli o romance com os mesmos transportes; ora, eu não gostava de Miguel, achava-o demasiado prudente: era o seu destino que eu invejava. Adorava nele, mascarado, o cristão que eu fora impedido de ser. O czar de todas as Rússias era Deus-Pai; suscitado do nada por um decreto singular, Miguel, encarregado, como todas as criaturas, de uma missão única e capital, atravessava nosso vale de lágrimas, afastando todas as tentações e transpondo os obstáculos, degustava o martírio, beneficiava-se de um auxílio sobrenatural,[9] glorificava seu Criador e depois, ao termo de sua tarefa, ingressava na imortalidade. Para mim, esse livro foi um veneno: existiam, pois, eleitos? As mais altas exigências lhes traçavam o caminho? A santidade me repugnava: em Miguel Strogoff, ela me fascinou porque tomara as aparências do heroísmo.

Contudo, nada mudei em minhas pantomimas e a ideia da missão ficou no ar, fantasma inconsistente que não chegava a tomar corpo e do qual não podia desfazer-me. Naturalmente, meus comparsas, os reis de França, encontravam-se às minhas ordens e só aguardavam um sinal para me darem as suas. Eu não pedia de modo algum que o fizessem. Se a gente arrisca a vida por obediência, o que será da generosidade? Marcel Dunot, pugilista de punhos de ferro, me

---

[9] Salvo pelo milagre de uma lágrima.

surpreendia cada semana cumprindo, graciosamente, mais do que seu dever; cego, coberto de feridas gloriosas, Miguel Strogoff mal podia afirmar que houvesse cumprido o seu. Eu admirava sua valentia e reprovava sua humildade: aquele bravo só tinha o céu acima da cabeça; por que a curvava perante o czar, quando era ao czar que competia beijar-lhe os pés? Mas, se a gente não se abaixasse, de onde haveria de tirar o mandato de viver? Esta contradição me fez cair em profundo embaraço. Eu tentava às vezes contornar a dificuldade: criança desconhecida, ouvia falar de uma missão perigosa; ia atirar-me aos pés do rei, suplicava-lhe que a confiasse a mim. Ele se recusava: eu era muito moço e o assunto muito grave. Levantava-me, desafiava para duelo e batia prontamente todos os seus capitães. O soberano rendia-se à evidência: "Vai, pois, já que o queres!" Mas eu não era embaído por meu estratagema e dava-me realmente conta de que me iludira. Além disso, todos aqueles macacos me aborreciam: eu era plebeu e regicida, meu avô me prevenira contra os tiranos, quer se chamassem Luís XVI ou Badinguet. Acima de tudo, eu lia todos os dias, em *Le Matin*, o folhetim de Michel Zévaco; esse autor de talento, sob influência de Hugo, inventara o romance de capa e espada republicano. Seus heróis representavam o povo; faziam e desfaziam os impérios, prediziam desde o século XIV a Revolução Francesa, protegiam por bondade d'alma reis infantes ou reis loucos contra seus ministros, estapeavam os reis perversos. O maior de todos, Pardaillan, era meu mestre: cem vezes, para imitá-lo, soberbamente postado sobre minhas pernas de galo, eu esbofeteava Henrique III e Luís XIII. Iria eu, depois disso, colocar-me às ordens deles? Numa palavra, eu não podia tirar de mim o mandato imperativo que justificaria a minha presença nesta terra, nem reconhecer a ninguém o direito de o entregar a mim. Retomei minhas cavalgadas negligentemente, enlanguesci no combate; chacinador distraído, mártir indolente, continuei sendo Grisélidis, à falta de um czar, de um Deus ou simplesmente de um pai.

Eu levava duas vidas, ambas mentirosas: publicamente, era um impostor: o famoso neto do célebre Charles Schweitzer; só, enterrava-me numa chateação imaginária. Eu corrigia minha falsa glória por meio de um falso incógnito. Não sentia a menor dificuldade em passar de um a outro papel: no próprio instante em que eu ia calçar minha bota secreta, a chave virava na fechadura, as mãos de minha mãe, de súbito paralisadas, imobilizavam-se sobre as teclas, eu repunha a régua na biblioteca e ia me atirar nos braços de meu avô, adiantava sua poltrona, trazia-lhe os chinelos forrados e interrogava-o sobre o seu dia de trabalho, chamando seus alunos pelo nome. Qualquer que fosse a profundidade de meu sonho, nunca corri o perigo de me perder nele. Todavia, eu estava ameaçado: minha verdade corria grande risco de permanecer até o fim como a alternativa de meus embustes.

Havia uma outra verdade. Nos terraços do Luxembourg crianças brincavam; eu me aproximava, elas me roçavam sem me ver, eu as fitava com olhos de pobre: como eram fortes e rápidas! Como eram belas! Perante aqueles heróis de carne e osso, eu perdia minha inteligência prodigiosa, meu saber universal, minha musculatura atlética, minha habilidade de espadachim; eu me encostava em uma árvore, esperava. A uma palavra do chefe do bando, brutalmente atirada: "Avante, Pardaillan, você é quem fará o prisioneiro", teria abandonado meus privilégios. Mesmo um papel mudo ter-me-ia enchido de satisfação; teria aceito com entusiasmo bancar um ferido sobre a padiola, um morto. Essa oportunidade nunca me foi oferecida: eu encontrara meus verdadeiros juízes, meus contemporâneos, meus pares, e sua indiferença me condenava. Eu me pasmava de me descobrir por meio deles: nem maravilha nem medusa, um nanico que não interessava a ninguém. Minha mãe mal escondia sua indignação; aquela mulher grande e bonita acomodava-se muito bem com minha pequena estatura, nada via aí que não fosse natural: os Schweitzer são grandes e os Sartre miúdos, eu puxara meu pai, era tudo. Aprazia-lhe que eu continuasse, aos oito anos, portátil e de manejo fácil: meu formato reduzido passava a seus olhos como uma primeira infância prolongada. Mas, vendo que ninguém me convidava a brincar, ela levava o amor a ponto de adivinhar que eu corria o perigo de me tomar por anão — o que não sou absolutamente — e de sofrer com isso. A fim de me salvar do desespero, simulava impaciência: "O que é que você está esperando, seu grande palerma? Vá perguntar se eles querem brincar com você." Eu sacudia a cabeça: teria aceito as tarefas mais baixas, mas empenhava o meu orgulho em não solicitá-las. Ela designava algumas senhoras que tricotavam em cadeiras de ferro: "Você quer que eu vá falar com as mães deles?" Eu lhe suplicava que nada fizesse; ela pegava minha mão, partíamos, íamos de árvore em árvore e de grupo em grupo, sempre implorantes, sempre excluídos. Ao crepúsculo, eu retornava ao meu poleiro, às altitudes onde soprava o espírito, meus sonhos: eu me vingava de minhas desgraças com seis palavras de criança e o massacre de cem mercenários. Não importa: a coisa não andava bem.

Fui salvo por meu avô; ele me atirou, sem querer, em nova impostura que mudou minha vida.

II
Escrever

Charles Schweitzer nunca se considerara escritor, mas a língua francesa o deslumbrava ainda, aos setenta anos, porque ele a aprendera com dificuldade e porque ela não lhe pertencia inteiramente: brincava com ela, comprazia-se com palavras, gostava de pronunciá-las e sua impiedosa dicção não fazia mercê de uma sílaba sequer; quando lhe sobrava tempo, sua pena as combinava em ramalhetes. Ilustrava de bom grado os acontecimentos de nossa família e da universidade com obras de circunstância: votos de Ano-novo, de aniversário, cumprimentos nos banquetes de casamento, discursos em versos para a Saint-Charlemagne, sainetes, charadas, rimas dadas, banalidades afáveis; nos congressos, improvisava quadras, em alemão e em francês.

No começo do verão partíamos para Arcachon, as duas mulheres e eu, antes que meu avô encerrasse as aulas. Ele nos escrevia três vezes por semana: duas páginas para Louise, um *post-scriptum* para Anne-Marie, e para mim toda uma carta em versos. Para que eu apreciasse melhor minha felicidade, minha mãe estudou e me ensinou as regras da prosódia. Alguém me surpreendeu rabiscando uma resposta versificada; insistiram que eu a terminasse, ajudaram-me a fazê-lo. Quando as duas mulheres remeteram a carta, riram até as lágrimas, pensando no estupor do destinatário. Na volta do correio, recebi um poema em minha glória; respondi com outro poema. O hábito estava adquirido, avô e neto haviam-se unido por um novo laço; falavam-se, como os índios, como os caftens de Montmartre, numa linguagem proibida às mulheres. Ofereceram-me um dicionário de rimas, tornei-me versificador: escrevia madrigais para Vevé, uma garotinha loura que não saía da espreguiçadeira e que morreria alguns anos mais tarde. A garotinha pouco ligava: era um anjo; mas a admiração de um largo público me consolava dessa indiferença. Achei alguns desses poemas. "Todas as crianças têm gênio, salvo Minou Drouet", disse Cocteau em 1955. Em 1912, todas o tinham, exceto eu: eu escrevia por macaquice, por cerimônia, para bancar o importante; escrevia sobretudo porque era neto de Charles Schweitzer. Deram-me as fábulas de La Fontaine; elas me desagradaram: o autor ia pelo mais fácil; decidi reescrevê-las em alexandrinos. A empreitada ultrapassava minhas forças e julguei notar que provocava sorrisos: foi minha última experiência poética. Mas eu estava lançado: passei dos versos à prosa e não senti a menor dificuldade em reinventar por escrito as apaixonantes aventuras que eu lia no *Cri-Cri*. Era tempo: ia descobrir a inanidade de meus sonhos. Durante as minhas cavalgadas fantásticas, era a realidade que eu procurava alcançar. Quando minha mãe perguntava, sem tirar os olhos da partitura: "Meu bem, o que é que você está fazendo?", acontecia-me por vezes romper o voto de silêncio e responder-lhe: "Faço cinema." Com efeito, eu tentava arrancar as imagens de minha cabeça e *realizá-las* fora de mim, entre verdadeiros móveis e verdadeiras paredes, resplendentes e visíveis tanto quanto os que jorravam sobre as telas. Inutilmente; não mais podia ignorar minha dupla impostura: eu fingia ser um ator que finge ser um herói.

Mal comecei a escrever, pousei minha pena para rejubilar-me. A impostura era a mesma, mas eu já disse que tomava as palavras como a quintessência das coisas. Nada me perturbava mais do que ver meus garranchos trocando pouco a pouco seu brilho de fogos-fátuos pela pálida consistência da matéria: era a realização do imaginário. Colhidos na armadilha da nominação, um leão, um capitão do Segundo Império, um beduíno introduziam-se na sala de jantar; permaneciam aí cativos, para sempre incorporados pelos signos; acreditei ter ancorado meus sonhos no mundo pelas arranhaduras de uma ponta de aço. Pedi que me dessem um caderno, um vidro de tinta violeta, inscrevi na capa: "Caderno de romances." O primeiro que levei a cabo intitulei: "Por uma borboleta." Um sábio, sua filha e um jovem explorador atlético subiam o curso do Amazonas à caça de uma preciosa borboleta. O argumento, os personagens, o detalhe das aventuras, o próprio título eu tomara a uma história em quadrinhos que aparecera no trimestre precedente. Este plágio deliberado me livrava de minhas últimas inquietações: tudo era forçosamente verdadeiro, visto que eu não inventava nada. Eu não ambicionava ser publicado, mas dera um jeito de ser impresso antecipadamente e não traçava uma só linha que meu modelo não caucionasse. Considerava-me eu um copista? Não. Mas sim autor original: eu retocava, remoçava; por exemplo, adotara o cuidado de trocar os nomes dos personagens. Essas ligeiras alterações me autorizavam a confundir a memória e a imaginação. Novas e totalmente escritas, certas frases se reformavam em minha cabeça com a implacável segurança que a gente atribui à inspiração. Eu as transcrevia, elas assumiam a meus olhos a densidade das coisas. Se o autor inspirado, como se crê comumente, é outro que não ele mesmo no íntimo de si próprio, conheci a inspiração entre os sete e os oito anos.

Nunca fui inteiramente enganado por essa "escrita automática". Mas a brincadeira também me agradava em si mesma: filho único, podia brincar com isso sozinho. Por instantes, eu detinha a mão, fingia hesitar para me sentir, com a testa franzida e o olhar alucinado, *escritor*. Eu adorava o plágio, aliás, por esnobismo, e o impelia deliberadamente ao extremo, como se vai ver.

Boussenard e Júlio Verne não perdem uma só ocasião de instruir: nos instantes mais críticos, cortam o fio da narrativa para se lançar na descrição de uma planta venenosa, de um hábitat indígena. Leitor, eu saltava essas passagens didáticas; autor, enchi com elas meus romances; pretendi ensinar a meus contemporâneos tudo o que ignorava: os costumes dos fueguinos, a flora africana, o clima do deserto. Separados por um golpe da sorte, depois, sem saber, embarcados no mesmo navio e vítimas do mesmo naufrágio, o colecionador de borboletas e sua filha se agarravam à mesma boia, levantavam a cabeça, cada qual lançando um grito: "Daisy!", "Papai!" Infelizmente um tubarão rondava em busca de carne fresca, aproximava-se, seu ventre brilhava entre as ondas. Escapariam os infelizes à morte? Eu ia procurar o tomo "Pr-Z" do *Grand Larousse*, trazia-o penosamente até minha carteira, abria-o na página certa e copiava palavra por palavra, mudando de parágrafo: "Os tubarões são comuns no Atlântico tropical. Esses grandes peixes do mar, muito vorazes, atingem até 13 metros de comprimento e pesam até oito toneladas…" Eu demorava o tempo necessário, sem nenhuma pressa, para transcrever o verbete: sentia-me deliciosamente enfadonho, tão distinto quanto Boussenard e, não tendo ainda achado o meio de salvar meus heróis, cozinhava meu relato no fogo lento dos transes encantadores.

Tudo destinava essa nova atividade a ser apenas uma macaquice a mais. Minha mãe me prodigalizava encorajamentos, introduzia os visitantes na sala de jantar para que surpreendessem o jovem criador em sua carteira de escolar; eu simulava estar demasiado absorvido para perceber a presença de meus admiradores; eles se retiravam na ponta dos pés, murmurando que eu era mesmo um mimo, que era mesmo encantador. Meu tio Émile deu-me de presente uma pequena máquina de escrever que não utilizei. A sra. Picard comprou-me um mapa-múndi para que eu pudesse fixar, sem perigo de erro, o itinerário de meus *globe-trotters*. Anne-Marie recopiou meu segundo romance, *Le Marchand de bananes*, em papel glacê, fizeram-no circular. A própria Mamie me estimulava: "Pelo menos", dizia, "ele é bem-comportado, não faz barulho". Felizmente a consagração foi postergada devido ao descontentamento de meu avô.

Karl jamais admitira o que denominava minhas "más leituras". Quando minha mãe lhe anunciou que eu começara a escrever, ficou primeiro encantado, esperando, suponho, uma crônica de nossa família com observações picantes e adoráveis ingenuidades. Apanhou o meu caderno, folheou-o, fez beiço e deixou a sala de jantar, enfurecido por encontrar sob minha pena as "besteiras" de minhas revistas favoritas. Posteriormente, desinteressou-se de minha obra. Mortificada, minha mãe tentou várias vezes fazê-lo ler de surpresa *Le Marchand de bananes*. Ela aguardava até que ele pusesse os chinelos e sentasse na sua poltrona; enquanto ele descansava em silêncio, com o olhar fixo e duro, as mãos sobre os joelhos, ela pegava o meu manuscrito, folheava-o distraidamente, depois, de repente cativada, desandava a rir sozinha. Por fim, num irresistível arrebatamento, estendia-o a meu avô: "Leia, papai! É *muito* engraçado." Mas ele afastava o caderno com a mão ou então, se lhe concedia um relance, era para criticar meus erros ortográficos. Com o tempo minha mãe ficou intimidada: não ousando mais me felicitar e temendo fazer-me sofrer, parou de ler meus escritos, de modo a não mais precisar comentá-los.

Apenas toleradas, passadas em silêncio, minhas atividades literárias caíram numa semiclandestinidade; não obstante, eu continuava desenvolvendo-as com assiduidade: nas horas de recreação, quinta-feira e domingo, nas férias e, quando me era dada a oportunidade de ficar doente, na minha cama; lembro-me das convalescenças felizes, com um caderno preto de bordas vermelhas que eu apanhava e largava como uma tapeçaria. Fiz menos cinema: meus romances substituíam tudo para mim. Em suma, escrevi para o meu prazer.

Minhas intrigas complicaram-se, inseri-lhes episódios dos mais diversos, derramei todas as minhas leituras, as boas e as más, de cambulhada, nesses sacos de viagem. Os relatos sofreram com isso; foi contudo um ganho: foi preciso inventar ligações e, de repente, tornei-me um pouco menos plagiário. Além disso, eu me desdobrei. No ano anterior, quando "fazia cinema", desempenhava meu próprio papel, jogava-me com todo o corpo no imaginário e mais de uma vez pensei abismar-me inteiramente nele. Autor, o herói ainda era eu, eu projetava nele meus sonhos épicos. No entanto, éramos dois: ele não usava meu nome, eu só falava dele na terceira pessoa. Em vez de emprestar-lhe meus gestos, modelava-lhe por meio de palavras um corpo que eu pretendi ver. Essa "distanciação" súbita poderia ter-me assustado: ela me encantou; regozijei-me por ser *ele*, sem que ele fosse de todo eu. Era meu boneco, eu dobrava-o a meus caprichos, podia pô-lo à prova, varar-lhe o flanco com uma lançada e depois tratá-lo como minha mãe me tratava, curá-lo como ela me curava. Meus autores favoritos, por um resto de vergonha, detinham-se a meio caminho do sublime: mesmo em Zévaco, nunca valente algum desafiava mais do que vinte tunantes ao mesmo tempo. Quis radicalizar o romance de aventuras, atirei pela amurada a verossimilhança, decupliquei os inimigos, os perigos: para salvar o futuro sogro e a noiva, o jovem explorador de *Por uma borboleta* lutou três dias e três noites contra os tubarões; ao fim o mar ficou tinto de sangue; o mesmo mocinho, ferido, evadiu-se de um rancho sitiado pelos apaches, cruzou o deserto segurando as tripas nas mãos, e não permitiu que o recosturassem antes de falar com o general. Pouco mais tarde, sob o nome de Goetz von Berlichingen, ainda o mesmo pôs em debandada um exército. Um contra todos: era minha regra; procure-se a fonte dessa quimera sombria e grandiosa no individualismo burguês puritano do meu meio.

Herói, eu lutava contra as tiranias; demiurgo, eu próprio me fiz tirano, conheci todas as tentações do poder. Eu era inofensivo, tornei-me malvado. O que é que me impedia de furar os olhos de Daisy? Morto de medo, eu respondia: nada. E furei os seus olhos como teria arrancado as asas de uma mosca. Eu escrevia, com o coração palpitando: "Daisy passou a mão sobre os olhos: estava cega", e eu ficava assustado, com a pena no ar: produzira no absoluto um pequeno acontecimento que me comprometia deliciosamente. Eu não era realmente sádico: minha alegria perversa se transmutava imediatamente em pânico, eu anulava todos os meus decretos, cobria-os de rasuras para torná-los indecifráveis; a moça recuperava a vista, ou melhor, ela nunca chegara a perdê-la. Mas a lembrança de meus caprichos me atormentava por muito tempo: eu me infligia sérias inquietações.

O mundo escrito também me inquietava: às vezes, cansado dos suaves morticínios para crianças, eu me entregava, descobria na angústia possibilidades pavorosas, um universo monstruoso que não era senão o reverso de minha onipotência; eu me dizia: tudo pode acontecer! e isso significava: posso imaginar tudo. Trêmulo, sempre a ponto de rasgar minha folha, narrava atrocidades sobrenaturais. Minha mãe, se lhe sucedia ler por cima de meu ombro, soltava um grito de glória e de alarme: "Que imaginação!" Mordiscava os lábios, queria falar, não achava o que dizer e se afastava inopinadamente: seu desconcerto levava ao cúmulo minha angústia. Mas a imaginação não estava em causa: eu não inventava aqueles horrores, eu os encontrava, como o restante, em minha memória.

Nessa época, o Ocidente morria de asfixia: foi o que se denominou "doçura de viver". À falta de inimigos visíveis, a burguesia comprazia-se em atemorizar-se com a própria sombra; ela trocava seu tormento por uma inquietação dirigida. Falava-se de espiritismo, de ectoplasmas; rua Le Goff, número dois, defronte do nosso prédio, as mesas giravam. Isto se passava no quarto andar: "na casa do mago", dizia minha avó. Às vezes, ela nos chamava e chegávamos a tempo de ver pares de mãos sobre uma jardineira, mas alguém se aproximava da janela e puxava as cortinas. Louise pretendia que o tal mago recebia diariamente crianças de minha idade, conduzidas por suas mães. "E", acrescentava, "vejo muito bem: ele lhes faz a imposição das mãos". Meu avô meneava a cabeça, mas, embora condenasse tais práticas, não ousava ridicularizá-las; minha mãe sentia medo e minha avó, por sua vez, parecia mais intrigada do que cética. Finalmente, entraram em acordo: "É preciso, sobretudo, não se preocupar com isso, isso deixa a gente louca!" A moda era das histórias fantásticas; os jornais bem pensantes forneciam duas ou três por semana a este público descristianizado que sentia saudades das elegâncias da fé. O narrador relatava com toda a objetividade um fato perturbador; dava uma oportunidade ao positivismo: por estranho que fosse, o evento havia de comportar uma explicação racional. Tal explicação o autor procurava, achava e no-la apresentava lealmente. Mas, logo em seguida, punha toda a sua arte em nos levar a medir a insuficiência e a leviandade daquela. Nada mais: o conto terminava por uma interrogação. Mas era o suficiente: o Outro Mundo estava ali, tanto mais temível quanto não era de modo algum nomeado.

Quando eu abria *Le Matin*, o temor me gelava. Uma história entre todas me impressionou. Recordo-me ainda do título: "O vento nas árvores." Numa noite de verão, uma enferma, sozinha no primeiro pavimento de uma casa de campo, vira-se e revira-se em seu leito; pela janela aberta, um castanheiro introduz seus ramos no aposento. No térreo várias pessoas encontram-se reunidas; conversam e contemplam o cair da noite sobre o jardim. De repente, alguém aponta para o castanheiro: "Ora veja! Mas então há vento?" Todo mundo se espanta, sai para o patamar: nem um sopro; no entanto a folhagem se agita. Nesse instante, um grito! — o marido da enferma precipita-se escada acima e encontra a jovem esposa erguida sobre o leito; ela lhe designa a árvore e cai morta; o castanheiro recobrou seu costumeiro estupor. O que foi que ela viu? Um louco escapara do asilo: será que ele, escondido na árvore, mostrou seu rosto se contraindo em caretas? É ele, *é necessário* que o seja, pela simples razão de que nenhuma outra explicação pode satisfazer. No entanto... Como é que ninguém o viu subir? Nem descer? Como é que os cães não latiram? Como é que foram prendê-lo, seis horas mais tarde, a cem quilômetros da propriedade? Perguntas sem resposta. O contista mudava de parágrafo e concluía negligentemente: "A crer no povo da aldeia, era a Morte que sacudia os ramos do castanheiro." Eu largava o jornal, batia com o pé e dizia em voz alta: "Não! Não!" Meu coração pulsava a mais não poder. Pensei desmaiar um dia, no trem de Limoges, ao folhear o almanaque Hachette: dei com uma gravura de arrepiar os cabelos: um cais sob a luz, uma longa pinça rugosa emergia da água, ferrava um bêbado, arrastava-o ao fundo do porto. A imagem ilustrava um texto que li avidamente e que findava — ou quase — com estas palavras: "Era aquilo uma alucinação alcoólica? Entreabria-se o inferno?" Tive medo da água, medo dos caranguejos e das árvores. Medo dos livros, sobretudo: maldisse os carrascos que povoavam suas narrações com essas figuras atrozes. No entanto, eu os imitava.

Era preciso, sem dúvida, uma ocasião. Por exemplo, o cair do dia: a sombra inundava a sala de jantar, eu empurrava minha pequena carteira para junto da janela, a angústia renascia, a docilidade de meus heróis, indefectivelmente sublimes, menosprezados e reabilitados, revelava a sua inconsistência; então *a coisa* vinha: um ser vertiginoso me fascinava, invisível; para vê-lo, cumpria descrevê-lo. Eu concluía vivamente a aventura em curso, conduzia meus personagens a outra região do globo, em geral submarina ou subterrânea, apressava-me a expô-los a novos perigos: escafandristas ou geólogos improvisados descobriam a trilha do Ser, seguiam-na e, de súbito, o encontravam. O que acudia então à minha pena — polvo de olhos de fogo, crustáceo de vinte toneladas, aranha-gigante que falava — era eu mesmo, monstro infantil, era meu tédio de viver, meu medo de morrer, minha insipidez e minha perversidade. Eu não me reconhecia: apenas gerada, a imunda criatura se levantava contra mim, contra meus corajosos espeleólogos; eu temia pela vida deles, meu coração se acelerava, esquecia a minha mão; traçando as palavras, eu acreditava lê-las. Com muita frequência as coisas ficavam nisso; eu não entregava os homens à Besta, mas tampouco os livrava do apuro; bastava, em suma, que eu os tivesse posto em contato; eu me erguia, ia à cozinha, à biblioteca; no dia seguinte, deixava uma ou duas páginas em branco e atirava meus personagens em nova empreitada. Estranhos "romances", sempre inacabados, sempre recomeçados ou continuados, como se queira, com outros títulos, bricabraque de contos negros e aventuras brancas, de acontecimentos fantásticos e verbetes de dicionários; eu os perdi e penso às vezes que é pena: tivesse eu me lembrado de guardá-los a chave, entregar-me-iam toda a minha infância.

Começava a descobrir-me. Eu não era quase nada, quando muito uma atividade sem conteúdo, mas não era preciso mais. Eu escapava à comédia: não trabalhava ainda, porém não brincava mais, o mentiroso encontrava sua verdade na elaboração de suas mentiras. Nasci da escritura: antes dela, havia tão-somente um jogo de espelhos; desde o meu primeiro romance, soube que uma criança se introduzira no palácio dos espelhos. Escrevendo, eu existia, escapava aos adultos: mas eu só existia para escrever, e se dizia eu, isso significava: eu que escrevo. Não importa: conhecia a alegria; a criança pública marcou consigo mesma encontros privados.

Era belo demais para durar: eu continuaria sincero, se houvesse permanecido na clandestinidade; arrancaram-me dela. Atingia a idade em que se convenciona que as crianças burguesas dão os primeiros sinais de sua vocação; fôramos informados há muito de que meus primos Schweitzer, de Guérigny, seriam engenheiros como o pai: não restava mais um minuto a perder. A sra. Picard quis ser a primeira a descobrir o signo que eu trazia na testa. "Esse garoto escreverá!", afirmou com convicção. Agastada, Louise esboçou seu sorrisinho seco; Blanche Picard voltou-se para ela e repetiu severamente: "Ele escreverá! É feito para escrever." Minha mãe sabia que Charles pouco me encorajava: ela temia complicações e me examinou com um olhar míope: "Você acha, Blanche? Acha mesmo?" Mas à noite, quando pulei na minha cama, de camisola, cingiu-me fortemente os ombros e me disse sorrindo: "Meu rapazinho escreverá!" Meu avô foi prudentemente informado: receava-se uma explosão. Contentou-se em menear a cabeça e o ouvi confiar ao sr. Simonnot, na quinta-feira seguinte, que ninguém, no entardecer da vida, assistia sem emoção ao despertar de um talento. Continuou a ignorar minhas garatujas, mas, quando seus alunos alemães vinham jantar em casa, pousava a mão sobre meu crânio e repetia, escandindo as sílabas de modo a não perder o ensejo de lhes ensinar locuções francesas pelo método direto: "Ele tem a bossa da literatura."

Não acreditava numa só palavra do que dizia, mas como? O mal estava cometido; ferindo-me de frente, corria-se o risco de agravá-lo: eu me obstinaria talvez. Karl proclamou minha vocação a fim de guardar uma possibilidade de me desviar dela. Era o contrário de um cínico, mas envelhecia: seus entusiasmos o fatigavam; no fundo de seu pensamento, num frio deserto pouco visitado, estou certo de que *alguém* sabia bem o que pensar sobre mim, sobre a família, sobre ele mesmo. Um dia em que eu estava lendo, deitado entre os seus pés, em meio daqueles intermináveis silêncios petrificados que ele nos impunha, uma ideia o atravessou, fazendo-o esquecer a minha presença: olhou minha mãe com censura: "E se ele se encasquetar em viver da pena?" Meu avô apreciava Verlaine, de quem possuía uma seleção de poemas. Mas acreditava tê-lo visto, em 1894, entrar "bêbado feito um porco" num boteco da rua Saint-Jacques: este encontro o ancorara no desprezo aos escritores profissionais, taumaturgos derrisórios que pedem um luís de ouro para fazer ver a Lua e acabam mostrando por cem soldos o traseiro. Minha mãe assumiu um ar assustado, mas nada respondeu: sabia que Charles alimentava outras intenções a meu respeito. Na maioria dos liceus, as cadeiras de língua alemã eram ocupadas por alsacianos que haviam optado pela França e cujo patriotismo se pretendera recompensar: colhidos entre duas nações, entre duas línguas, tinham feito estudos irregulares e sua cultura apresentava falhas; sofriam com isso; queixavam-se também de que a hostilidade dos colegas os mantinha à parte da comunidade docente. Eu seria o vingador deles, vingaria meu avô: neto de alsaciano, eu era ao mesmo tempo francês da França: Karl me faria adquirir um saber universal, eu trilharia a estrada real: em minha pessoa, a Alsácia mártir entraria para a École Normale Supérieure, passaria brilhantemente no concurso de *agrégation*, tornar-se-ia este príncipe: um professor de letras. Uma noite, anunciou que desejava me falar de homem para homem; as mulheres retiraram-se, ele me pôs sobre os joelhos e conversou comigo gravemente. Eu escreveria, era ponto pacífico; eu devia conhecê-lo bastante para não temer que ele contrariasse meus desejos. Mas cumpria encarar as coisas de frente e com lucidez: a literatura não dava de comer. Sabia eu que escritores famosos haviam morrido de fome? Que outros, para comer, tinham-se vendido? Se eu pretendia conservar minha independência, convinha escolher uma segunda profissão. O magistério prometia lazeres; as preocupações dos universitários iam ao encontro das dos literatos: eu passaria constantemente de um sacerdócio a outro; viveria no comércio com grandes autores; com um mesmo movimento eu revelaria suas obras a meus alunos e beberia nelas minha inspiração. Eu me distrairia da solidão provinciana compondo poemas, realizando uma tradução de Horácio em versos brancos, daria aos jornais locais curtas notas literárias, à *Revue Pédagogique* um brilhante ensaio sobre o ensino do grego, outro sobre a psicologia do adolescente; à minha morte, encontrariam inéditas em minhas gavetas uma meditação sobre o mar, uma comédia em um ato, algumas páginas eruditas e sensíveis sobre os monumentos de Aurillac, o suficiente para fazer um opúsculo que seria publicado graças aos cuidados de meus antigos alunos.

Desde algum tempo, sempre que meu avô se extasiava com minhas virtudes, eu permanecia gelado; a voz que tremulava de amor chamando-me "dádiva do Céu", ainda fingia escutá-la, mas acabei por não mais ouvi-la. Por que prestei atenção nela aquele dia, quando ela mentia mais deliberadamente do que nunca? Por qual mal-entendido brilho levei-a a dizer o oposto do que pretendia participar-me? É que ela mudara: ressecada, endurecida, tomei-a pela voz do ausente que me dera a vida. Charles tinha duas caras; quando representava o avô, eu o tomava por um bufão de minha espécie e não o respeitava. Mas se falava ao sr. Simonnot, a seus filhos, se se fazia servir por suas mulheres à mesa, indicando com o dedo, sem uma palavra, a azeiteira ou o cestinho de pão, eu admirava sua autoridade. O golpe do indicador, sobretudo, me inspirava respeito: tomava a precaução de não estendê-lo, de passeá-lo vagamente no ar, semidobrado, de modo que a designação permanecesse imprecisa e que as duas servidoras precisassem adivinhar suas ordens; às vezes, exasperada, minha avó se enganava e oferecia-lhe a compoteira quando ele pedia para beber: eu culpava minha avó, inclinava-me diante daquelas vontades reais que pretendiam ser antecipadas ainda mais do que satisfeitas. Se Charles se pusesse a exclamar de longe, abrindo os braços: "Eis o novo Hugo, eis Shakespeare em projeto!", eu seria hoje desenhista industrial ou professor de letras. Ele absteve-se deliberadamente: pela primeira vez eu estava às voltas com o patriarca; parecia carrancudo e tanto mais venerável quanto se esquecera de me adorar. Era Moisés ditando a nova lei. Minha lei. Mencionara minha vocação somente para sublinhar suas desvantagens: concluí daí que a considerava coisa certa. Houvesse ele predito que eu molharia o papel com minhas lágrimas ou que eu rolaria de dor sobre o tapete, minha moderação burguesa assustar-se-ia. Ele me convenceu de minha vocação dando-me a compreender que estas faustosas desordens não me estavam reservadas: para tratar de Aurillac ou da pedagogia, não era de modo algum necessária a febre, infelizmente, nem o tumulto; os imortais soluços do século XX, outros se encarregariam de dá-los. Resignei-me a não ser jamais tempestade nem relâmpago, a brilhar na literatura por qualidades domésticas, por minha delicadeza e minha aplicação. O ofício de escrever se me afigurou como uma atividade de adulto, tão pesadamente séria, tão fútil e, no fundo, tão destituída de interesse que não duvidei um instante sequer que me fosse reservada; disse a mim mesmo, a um só tempo: "é apenas isso" e "eu sou dotado". Como todos os vãos sonhadores, confundia o desencanto com a verdade.

Karl me revirava como uma pele de coelho: eu acreditara escrever tão-somente para fixar meus sonhos, quando eu sonhava, a acreditar neles, tão-somente para exercitar minha pena: minhas angústias, minhas paixões imaginárias não passavam de ardis de meu talento, não tinham outro encargo senão o de me reconduzir cada dia à minha carteira e me fornecer os temas de narração que convinham à minha idade, na expectativa dos grandes ditados da experiência e da maturidade. Perdi minhas ilusões fabulosas: "Ah!", declarava meu avô, "não basta ter olhos, é preciso aprender a utilizá-los. Você sabe o que fazia Flaubert quando Maupassant era pequeno? Instalava-o diante de uma árvore e concedia-lhe duas horas para descrevê-la". Aprendi pois a ver. Chantre predestinado dos edifícios aurillacianos, observava com melancolia estes outros monumentos: a pasta da mesa, o piano, o relógio que também seriam — por que não? — imortalizados por meus *pensums*[1] futuros. Eu observava. Era um jogo fúnebre e decepcionante: cumpria plantar-me perante a poltrona de veludo estampado e inspecioná-la. O que tinha a dizer? Pois bem, que estava recoberta de um tecido verde e áspero, que possuía dois braços, quatro pés, um espaldar encimado

---

[1] Tarefa escolar imposta como castigo. (N.T.)

por dois pequenos pinhões de madeira. Era tudo por enquanto, mas eu voltaria ao assunto, obteria melhor êxito na próxima vez, acabaria por conhecê-la de cor e salteado; mais tarde, eu a descreveria e os leitores diriam: "Que coisa bem observada, como está bem visto, é isso mesmo! São traços que ninguém inventa!" Pintando verdadeiros objetos com verdadeiras palavras traçadas por uma verdadeira pena, seria realmente o diabo se eu próprio não me tornasse verdadeiro. Em suma, eu sabia, de uma vez por todas, o que havia de responder aos inspetores que exigissem a minha passagem.

Pensar-se-á, na verdade, que eu apreciava minha felicidade! O triste é que eu não a desfrutava. Nomearam-me titular efetivo, haviam tido a bondade de me conceder um futuro e eu o proclamava encantador, mas, sub-repticiamente, eu o abominava. Solicitara eu esse cargo de escrivão? O convívio dos grandes homens convencera-me de que ninguém poderia ser escritor sem tornar-se ilustre; mas, quando comparava a glória que me cabia aos poucos opúsculos que deixaria atrás de mim, sentia-me mistificado: podia acreditar, na verdade, que meus sobrinhos-netos me releriam ainda e que se entusiasmariam com uma obra tão escassa, com assuntos que me enfastiavam de antemão? Eu me dizia às vezes que seria salvo do esquecimento por meu "estilo", esta enigmática virtude que meu avô negava a Stendhal e reconhecia em Renan: mas tais palavras desprovidas de sentido não conseguiam serenar-me.

Acima de tudo, cumpria renunciar a mim mesmo. Dois meses antes, eu era espadachim, atleta: acabara-se! Entre Corneille e Pardaillan, eu era intimado a escolher. Afastava Pardaillan, a quem amava com paixão; por humildade, optava por Corneille. Eu vira os heróis correrem e lutarem no Luxembourg; vencido por sua beleza, compreendera que pertencia à espécie inferior. Era mister proclamá-lo, enfiar a espada na bainha, reunir-me ao rebanho comum, fazer as pazes com os grandes escritores, estes joões-ninguém que não me intimidavam: haviam sido crianças raquíticas e nisso pelo menos eu me assemelhava a eles; haviam-se tornado adultos enfermiços, velhos catarrentos, e nisso eu me assemelharia a eles; um nobre mandara sovar Voltaire, e eu seria zurzido, talvez por um capitão, antigo ferrabrás de jardim público.

Julguei-me dotado por resignação: no gabinete de Charles Schweitzer, no meio de livros deslombados, desencapados, desemparelhados, o talento era a coisa mais depreciada do mundo. Assim, no tempo do

Antigo Regime, muitos caçulas se teriam danado para comandar um batalhão, enquanto de nascença eram destinados ao clericato. Certa imagem resumiu por muito tempo aos meus olhos os fastos sinistros da notoriedade: uma longa mesa recoberta de toalha branca apresentava garrafas de laranjada e de espumantes; eu tomava uma taça, uma porção de homens de casaca que me cercava — eram uns 15 — erguia um brinde à minha saúde; eu adivinhava atrás de nós a imensidade poeirenta e deserta de um salão alugado. Vê-se que eu nada mais esperava da vida exceto que ressuscitasse para mim, ao fim da jornada, a festa anual do Institut des Langues Vivantes.

Assim se forjou o meu destino, no número um da rua Le Goff, num apartamento do quinto andar, abaixo de Goethe e Schiller, acima de Molière, Racine e La Fontaine; defronte de Heine, de Victor Hugo, no curso de conversas cem vezes recomeçadas: Karl e eu expulsávamos as mulheres, nos abraçávamos estreitamente e desenvolvíamos da boca para o ouvido diálogos de surdos em que cada palavra me marcava. Mediante pequenos toques bem aplicados, Charles me persuadia de que eu não tinha gênio. Eu não o tinha, de fato, sabia disso e pouco me importava; ausente, impossível, o heroísmo constituía o único objeto de minha paixão: é o fogacho das almas pobres; minha miséria interior e o sentimento de minha gratuidade me proibiam de renunciar a ele de todo. Não ousava mais encantar-me com minha obra futura, mas no fundo estava aterrorizado: decerto enganaram-se: de criança ou de vocação. Perdido, aceitei, para obedecer a Karl, a carreira aplicada de um escritor menor. Em suma, ele me atirou na literatura pelo cuidado que despendeu em me desviar dela: a tal ponto que me acontece ainda hoje perguntar-me, quando estou de mau humor, se não consumi tantos dias e tantas noites, se não cobri tantas folhas com minha tinta e lancei no mercado tantos livros que não eram almejados por ninguém, na única e louca esperança de agradar a meu avô. Seria cômico: com mais de cinquenta anos, ver-me-ia embaraçado para realizar as vontades de um morto muito velho, numa empresa que ele certamente desaprovaria.

Na verdade, pareço-me com Swann curado de seu amor e suspirando: "Dizer que estraguei minha vida por uma mulher que não fazia meu gênero!" Às vezes, sou malandro em segredo: é uma higiene rudimentar. Ora, o malandro sempre tem razão, mas até certo ponto. É verdade que não sou dotado para escrever; foi o que me fizeram saber, fui tratado como um aluno esforçado: sou um deles; meus livros recendem a suor e a trabalho, admito que fedem para o nariz de nossos aristocratas; eu os fiz muitas vezes contra mim, o que quer dizer contra todos,[2] numa contenção de espírito que acabou virando uma hipertensão de minhas artérias. Costuraram meus mandamentos debaixo da pele: se fico um dia sem escrever, a cicatriz me arde; se escrevo com muita facilidade, ela me arde também. Esta exigência frustrada me impressiona hoje pela rigidez, pela inépcia: ela se assemelha a estes caranguejos pré-históricos e solenes que o mar leva às praias de Long Island; ela sobrevive, como eles, aos tempos findos. Durante muito tempo, invejei os porteiros da rua Lacépède, quando a noite e o verão faziam com que saíssem à calçada, montados em suas cadeiras: seus olhos inocentes viam sem ter a missão de olhar.

Apenas acontece que, afora alguns velhotes que molham sua pena em água-de-colônia e pequenos dândis que escrevem como açougueiros, os alunos esforçados não existem. Isto se deve à natureza do Verbo: falamos em nossa própria língua e escrevemos em língua estrangeira. Daí concluo que somos todos semelhantes em nosso ofício: todos forçados, todos tatuados. Além do mais, o leitor compreendeu que detesto minha infância e tudo o que dela sobrevive: a voz de meu avô, esta voz gravada que me desperta em sobressaltos e me atira à minha mesa, eu não a escutaria se não fosse a minha, se eu não tivesse retomado por minha conta na arrogância, entre oito e dez anos, o mandato pretensamente imperativo que recebi na humildade.

> *Sei muito bem que não sou mais do que uma máquina de fabricar livros.*
> Chateaubriand

Por pouco desisti. No dom que Karl reconhecia em mim com desdém, julgando inábil negá-lo totalmente, eu não via, no fundo, senão um acaso incapaz de legitimar este outro acaso, eu mesmo. Minha mãe tinha uma bela voz, *logo* ela cantava. Mesmo assim, ela viajava sem passagem. Eu tinha a bossa da literatura, logo escreveria, exploraria este filão a vida toda. Certo. Mas a Arte perdia — para mim pelo menos — seus poderes sagrados; eu permaneceria vagabundo — um pouco

---

[2] Sede complacentes com vós mesmos e os outros complacentes vos amarão; dilacerai vosso vizinho e os outros vizinhos rirão. Mas se bateis em vossa alma, todas as almas gritarão.

mais bem-provido, é só. Para que me sentisse necessário, seria preciso que me exigissem. Minha família me mantivera algum tempo nessa ilusão; disseram-me repetidamente que eu era um dom do Céu, muito esperado, indispensável a meu avô, a minha mãe; já não acreditava nisso, mas guardara o sentimento de que a gente nasce supérflua, a menos que seja posta no mundo especialmente para satisfazer uma espera. Meu orgulho e meu abandono eram tais, na época, que eu almejava ser morto ou requerido pela terra inteira.

Eu não mais escrevia: as declarações da sra. Picard concederam aos solilóquios de minha pena tamanha importância que não me atrevia mais a prossegui-los. Quando pretendi retomar meu romance, salvar ao menos o jovem par que eu deixara sem provisões, nem capacete colonial, em pleno Saara, conheci os pavores da impotência. Tão logo me sentava, minha cabeça se enchia de nevoeiro, eu mordiscava as unhas, careteando: eu perdera a inocência. Eu me levantava, errava pelo apartamento com alma de incendiário; infelizmente, nunca lhe ateei fogo: dócil por condição, por gosto, por costume, cheguei, mais tarde, à rebelião apenas por ter levado a submissão ao extremo. Compraram-me um "caderno de deveres", encapado de pano preto, com bordas vermelhas: nenhum sinal externo o distinguia de meu "caderno de romances": mal o contemplei, meus deveres escolares e minhas obrigações pessoais fundiram-se; identifiquei o autor ao aluno, o aluno ao futuro professor; era tudo uma coisa só: escrever e ensinar gramática; minha pena, socializada, me caiu da mão e fiquei muitos meses sem retomá-la. Meu avô sorria consigo mesmo quando eu arrastava meu tédio por seu escritório: sem dúvida dizia a seus botões que sua política produzia os primeiros frutos.

Ela malogrou porque eu tinha a cabeça épica. Quebrada minha espada, relegado à plebeidade, alimentei muitas vezes, à noite, este sonho ansioso: eu estava no Luxembourg, perto do lago, defronte do Senado; cumpria defender de um perigo desconhecido uma menina loura que se parecia com Vevé, morta um ano antes. A pequena, calma e confiante, erguia para mim seus olhos graves; amiúde, segurava um aro. Era eu quem tinha medo: temia abandoná-la a forças invisíveis. Como eu a amava no entanto, e com que amor desolado! Amo-a ainda; eu a procurei, perdi, reencontrei, cingi-a em meus braços e tornei a perdê-la: é a Epopeia. Aos oito anos, no momento de me resignar, fui acometido de violento sobressalto; para salvar essa pequena morta, lancei-me a uma operação simples e demente que desviou o curso de minha vida: fiz escorregar para o escritor os poderes sagrados do herói.

Na origem houve uma descoberta, ou melhor, uma reminiscência — pois dois anos antes eu tivera o pressentimento do fato: os grandes autores aparentam-se aos cavaleiros andantes porque uns e outros suscitam sinais apaixonados de gratidão. Para Pardaillan, a prova era desnecessária: as lágrimas de órfãs gratas lhe haviam sulcado o dorso da mão. Mas, a crer no *Grand Larousse* e nas notas necrológicas que eu lia nos jornais, o escritor não era menos favorecido: desde que vivesse muito tempo, acabava invariavelmente recebendo uma carta de um desconhecido que lhe *agradecia*; a partir desse minuto, os agradecimentos não mais paravam, amontoavam-se sobre sua escrivaninha, atravancavam seu apartamento; estrangeiros cruzavam os mares para saudá-lo; os compatriotas, após sua morte, cotizavam-se a fim de lhe erigir um monumento; em sua cidade natal, e às vezes na capital do país, ruas recebiam seu nome. Em si mesmas, tais congratulações não me interessavam: lembravam-me demais a comédia familial. Uma gravura, todavia, me transtornou: o famoso romancista Dickens vai desembarcar dentro de algumas horas em Nova York, percebe-se ao longe o barco que o transporta; a multidão apinhou-se no cais para acolhê-lo; toda ela abre suas bocas e brande mil casquetes; é tão densa que as crianças sufocam e, apesar disso, solitária, órfã e viúva, despovoada pela simples ausência do homem que ela espera. Murmurei: "Alguém está faltando aqui, é Dickens!" e as lágrimas vieram-me aos olhos. Contudo, eu afastava estes efeitos, ia direto às causas: para serem tão loucamente aclamados, era preciso, dizia-me eu, que os homens de letras enfrentassem os piores perigos e prestassem à humanidade os serviços mais eminentes. Uma vez em minha vida, assistira a semelhante explosão de entusiasmo. Os chapéus voavam, homens e mulheres gritavam: bravo, hurra! — era o 14 de julho, os Turcos[3] desfilavam. Esta lembrança acabou de me convencer: a despeito das taras físicas, da afetação, da aparente feminilidade, meus confrades eram espécies de soldados, arriscavam a própria vida como francos-atiradores em misteriosos combates; aplaudia-se neles, mais do que o talento, a coragem militar. É pois verdade!, dizia-me eu. Há *necessidade deles*! Em Paris, em Nova York, em Moscou, são esperados, na angústia ou no êxtase, antes

---

[3] Nome popular dos artilheiros argelinos. (N.T.)

que publiquem o primeiro livro, antes que comecem a escrever, antes mesmo que tenham nascido.

Mas então… eu? Eu que tinha a missão de escrever? Pois bem, eu era esperado. Transformei Corneille em Pardaillan: ele conservou as pernas tortas, o peito mirrado e o rosto entediado, porém lhe tirei a avareza e o apetite de lucro; confundi deliberadamente a arte de escrever e a generosidade. Depois disso foi uma brincadeira converter-me em Corneille e atribuir-me este mandato: proteger a espécie. Minha nova impostura preparava-me um futuro original; no momento, ganhei tudo. Malnascido, contei meus esforços para renascer: mil vezes as súplicas da inocência em perigo me suscitaram. Mas era brincadeira: falso cavaleiro, executava falsas proezas cuja inconsistência acabara aborrecendo-me. Ora, eis que me restituíam meus sonhos e eles se realizavam. Pois minha vocação era real, eu não podia duvidar, já que o sumo sacerdote se apresentava como seu fiador. Criança imaginária, eu me tornava um verdadeiro paladino cujas façanhas seriam verdadeiros livros. Eu fora convocado! Aguardava-se minha obra cujo primeiro tomo, apesar de meu zelo, não apareceria antes de 1935. Por volta de 1930, as pessoas começariam a impacientar-se; diriam entre si: "Aquele lá vai devagar! Há 25 anos que o alimentam para não fazer nada! Será que iremos bater as botas sem lê-lo?" Eu lhes respondia, com minha voz de 1913: "Eh, devagar, deem-me tempo de trabalhar!" Mas delicadamente: eu percebia que necessitavam — só Deus sabe por quê — de minha ajuda e que tal necessidade me engendrara, a mim, o único meio de satisfazê-la. Eu me aplicava em surpreender, no fundo de mim mesmo, esta espera universal, minha fonte viva e minha razão de ser; julgava às vezes estar a ponto de consegui-lo e depois, ao fim de um momento, deixava tudo correr. Não importa: estas falsas iluminações me bastavam. Tranquilizado, eu olhava para fora: talvez em certos lugares eu já fizesse falta. Mas não: era cedo demais. Belo objeto de um desejo que ainda se ignorava a si próprio, eu aceitava alegremente conservar por algum tempo o *incógnito*. Às vezes minha avó levava-me consigo à biblioteca e eu via divertido altas damas pensativas, insatisfeitas, deslizar de uma parede a outra em busca do autor que as tranquilizasse: este permanecia inencontrável, pois era eu, aquele pirralho nas suas saias, que elas nem sequer olhavam.

Eu ria de malícia, chorava de enternecimento: passara minha curta existência inventando-me gostos e *partis pris* que se diluíam em seguida.

Ora, eis que me sondaram e que a sonda encontra a rocha; eu era escritor, como Charles Schweitzer era avô: de nascença e para sempre. Sucedia, entretanto, que uma inquietação transparecia sob o entusiasmo: no talento que eu acreditava caucionado por Karl, recusava ver um acidente e dei um jeito de convencê-lo num mandato, mas, por falta de estímulo e de verdadeira convocação, não podia esquecer que era eu próprio quem o atribuía a mim. Surgido de um mundo antediluviano, no instante em que escapava à Natureza para tornar-me enfim eu, este Outro que eu pretendia ser aos olhos dos outros, eu fitava de frente o meu Destino e o reconhecia: não era senão minha liberdade, erguida por mim, diante de mim, como um poder estranho. Em suma, eu não conseguia me embrulhar inteiramente. Nem inteiramente me desiludir. Eu oscilava. Minhas hesitações ressuscitaram um velho problema: como unir as certezas de Miguel Strogoff à generosidade de Pardaillan? Cavaleiro, eu nunca recebera ordens do rei; devia submeter-me a ser autor por encomenda? O mal-estar nunca durava muito tempo; eu era presa de duas místicas opostas, mas me acomodava muito bem com suas contradições. Isso até me convinha, o fato de ser ao mesmo tempo dádiva do Céu e filho de minhas obras. Nos dias de bom humor, tudo provinha de mim mesmo, eu me sacara do nada por minhas próprias forças a fim de trazer aos homens as leituras a que aspiravam: criança submissa, eu obedeceria até a morte, porém a mim. Nas horas desoladas, quando sentia a enjoativa insipidez de minha disponibilidade, eu só conseguia acalmar-me forçando minha predestinação: convocava a espécie e lhe escorregava a responsabilidade de minha vida; eu não era senão o produto de uma exigência coletiva. A maior parte do tempo, eu poupava a paz de meu coração cuidando de jamais excluir de todo quer a liberdade que exalta, quer a necessidade que justifica.

Pardaillan e Strogoff podiam viver em boa paz doméstica: o perigo estava alhures, e fui convertido em testemunha de um confronto desagradável, que me obrigou com o tempo a tomar precauções. O grande responsável foi Zévaco, de quem eu não desconfiava; quis ele me importunar ou me prevenir? O fato é que um belo dia, em Madri, numa *posada*, quando eu só tinha olhos para Pardaillan, que descansava, o coitado, bebendo um bem merecido copo de vinho, o autor em questão atraiu minha atenção para um freguês que não era outro senão Cervantes. Os dois homens travam conhecimento, proclamam uma estima recíproca e vão tentar juntos um virtuoso golpe de surpresa.

Pior ainda, Cervantes, todo feliz, confia a seu novo amigo que pretende escrever um livro: até então o personagem principal permanecia impreciso, mas graças a Deus surgira Pardaillan, que lhe serviria de modelo. A indignação me dominou, por pouco não joguei fora o livro: que falta de tato! Eu era escritor-cavaleiro e cortavam-me em dois; cada metade tornava-se um homem inteiro, encontrava a outra e a contestava. Pardaillan não era tolo, mas nunca teria escrito *Dom Quixote*; Cervantes se batia bem, mas ninguém devia esperar que sozinho pusesse em fuga vinte mercenários. A amizade dos dois, por si mesma, sublinhava os seus limites. O primeiro pensava: "Ele é um pouco raquítico, esse professorzinho, mas não lhe falta coragem." E o segundo: "Por Deus! Para um sargentão, este fulano não raciocina tão mal assim." Ademais, eu não gostava de jeito nenhum que meu herói servisse de modelo ao Cavaleiro da Triste Figura. No tempo do "cinema", deram-me de presente um *Dom Quixote* expurgado, do qual eu não lera mais do que cinquenta páginas: ridicularizavam publicamente minhas proezas. E agora o próprio Zévaco... Em quem confiar? Na verdade, eu era uma debochada, uma rapariga de soldados: meu coração, meu leviano coração, preferia o aventureiro ao intelectual; eu me envergonhava de ser apenas Cervantes. Para evitar trair, instaurei o terror em minha cabeça e em seu vocabulário; afugentei a palavra heroísmo e seus sucedâneos, repeli os cavaleiros andantes, falei-me incessantemente dos homens de letras, dos perigos que corriam, de sua pena acerada que espetava os malvados. Prossegui na leitura de *Pardaillan e Fausta*, d'*Os miseráveis*, de *La Légende des siècles*, chorei por Jean Valjean, por Éviradnus, mas, fechado o livro, apagava seus nomes de minha memória e tocava a reunir o meu verdadeiro regimento. Silvio Pellico: encarcerado por toda a vida. André Chénier: guilhotinado. Étienne Dolet: queimado vivo. Byron: morto pela Grécia. Apliquei-me com fria paixão a transfigurar minha vocação vertendo nela meus antigos sonhos; nada me fez recuar: torci as ideias, falseei o sentido das palavras, isolei-me do mundo por receio dos meus encontros e das comparações. À vacância de minha alma, sucedeu a mobilização total e permanente: tornei-me uma ditadura militar.

O mal-estar persistiu sob outra forma: afiei meu talento, nada melhor. Mas para que serviria? Os homens precisavam de mim: *para fazer o quê?* Tive a desgraça de me interrogar sobre o meu papel e meu destino. Indaguei: "Enfim, de que se trata?" e, no mesmo instante, acreditei estar tudo perdido. Não se tratava de *nada*. Não é herói quem quer; nem a coragem nem o dom bastam, é mister que haja hidras e dragões. Eu não os divisava em parte alguma. Voltaire e Rousseau, em seu tempo, haviam terçado ferros duramente: é que ainda restavam tiranos. Hugo, de Guernesey, fulminara Badinguet, que meu avô me ensinara a detestar. Mas eu não via mérito algum em proclamar meu ódio, posto que aquele imperador estava morto havia quarenta anos. Acerca da história contemporânea, Charles mantinha-se mudo: este *dreyfusard* nunca me falou de Dreyfus. Que pena! Com que ardor eu teria desempenhado o papel de Zola: desfeiteado à saída do Tribunal, volto-me sobre o estribo de minha caleça, quebro o espinhaço dos mais exaltados — não, não: encontro uma palavra terrível que os faz recuar. E naturalmente recuso-me, *eu*, a fugir para a Inglaterra; ignorado, abandonado, que delícia em converter-me em Grisélidis, em vagas pelas ruas de Paris sem duvidar um só minuto de que o Panthéon me espera.

Minha avó recebia diariamente *Le Matin* e, se não me engano, o *Excelsior*: soube da existência da gatunagem, que eu abominava como todas as pessoas de bem. Mas estes tigres com rosto humano não eram meu assunto: o intrépido sr. Lépine bastava para domá-los. Às vezes os operários zangavam-se e imediatamente os capitais fugiam; mas disso eu nada soube e ainda ignoro o que meu avô pensava a respeito. Ele cumpria pontualmente seus deveres de eleitor, saía rejuvenescido da cabine indevassável, algo vaidoso e, quando as mulheres o molestavam: "Afinal, diga em quem você vota", respondia secamente: "É assunto de homem!" No entanto, quando foi eleito o novo presidente da República, deu-nos a saber, num momento de abandono, que deplorava a candidatura de Pams: "É um vendedor de cigarros!", exclamou encolerizado. O intelectual pequeno-burguês queria que o primeiro funcionário da França fosse um de seus pares, um pequeno-burguês intelectual, Poincaré. Minha mãe me garante hoje que ele votava nos radicais e que ela sabia muito bem disso. Não me espanta: escolhera o partido dos funcionários; ademais, os radicais já sobreviviam a si próprios. Charles tinha a satisfação de votar em um partido da ordem, dando seu sufrágio ao partido do movimento. Em suma, a política francesa, a crer nele, não ia tão mal assim.

Isso me afligia: eu me armara para defender a humanidade contra perigos terríveis, e todo mundo me assegurava que ela se encaminhava suavemente para a perfeição. Meu avô me educara no respeito pela democracia burguesa: por ela teria desembainhado minha pena de bom grado; mas durante a presidência de Fallières o camponês já votava: que mais pedir? E o que faz um republicano se lhe é dada a ventura de viver numa república? Fica à boa vida ou então ensina grego e descreve os monumentos de Aurillac em seus momentos de folga. Retornara a meu ponto de partida e julguei sufocar uma vez mais neste mundo sem conflitos que reduzia o escritor ao desemprego.

Foi Charles ainda quem me tirou do apuro. Sem sabê-lo, naturalmente. Dois anos antes, a fim de me despertar para o humanismo, expusera-me ideias sobre as quais não soprava mais palavra por medo de encorajar minha loucura, mas que se gravaram em meu espírito. Elas recuperaram, sem barulho, sua virulência e, para salvar o essencial, transformaram paulatinamente o escritor-cavaleiro em escritor-mártir. Já contei como aquele pastor falhado, fiel às vontades do pai, conservara o Divino para vertê-lo na Cultura. Deste amálgama nascera o Espírito Santo, atributo da Substância infinita, patrono das letras e das artes, das línguas mortas ou vivas e do Método Direto, pomba alva que enchia de satisfação a família Schweitzer com suas aparições, que voejava aos domingos por cima dos órgãos das orquestras e, nos dias úteis, se empoleirava no crânio de meu avô. As antigas considerações de Karl, reunidas, compuseram em minha cabeça um discurso: o mundo era presa do Mal; havia uma única salvação: morrer para si mesmo, para a Terra, contemplar do fundo de um naufrágio as impossíveis Ideias. Como não se chegava a isto sem um treino árduo e perigoso, a tarefa fora confiada a um corpo de especialistas. O clericato[4] tomava a humanidade a seu cargo salvando-a pela reversibilidade dos méritos: as feras do temporal, grandes e pequenas, dispunham de todo o lazer de se matarem umas às outras ou de levarem na estupidez uma existência sem verdade, visto que os escritores e os artistas meditavam em lugar delas sobre a Beleza e sobre o Bem. A fim de arrancar a espécie inteira da animalidade, somente duas condições eram necessárias: que fossem conservadas em locais vigiados as relíquias — telas, livros, estátuas — dos *clercs* mortos; que restasse ao menos um *clerc* vivo para continuar a obra e fabricar as relíquias futuras.

Imundas futilidades: eu as engoli sem compreendê-las muito bem e ainda acreditava nelas aos vinte anos. Por sua causa considerei durante

---

[4] No sentido antigo de *clerc*: letrado, homem de letras, sábio. (N.T.)

muito tempo a obra de arte como um acontecimento metafísico cujo nascimento interessava ao universo. Desenterrei esta religião feroz e a fiz minha a fim de dourar minha vocação sem brilho: absorvi rancores e amarguras que não eram absolutamente meus nem de meu avô; as velhas bílis de Flaubert, dos Goncourt, de Gautier, me envenenaram; o ódio abstrato que tinham pelo homem, introduzido em mim sob a máscara do amor, infectou-me de novas pretensões. Tornei-me cátaro, confundi a literatura com a prece, converti-a em sacrifício humano. Meus irmãos, decidi, exigiam-me pura e simplesmente que consagrasse minha pena para resgatá-los: sofriam de uma carência de ser que, sem a intercessão dos santos, os teria votado permanentemente ao aniquilamento; se eu abria os olhos toda manhã, se, correndo à janela, via passar pela rua aqueles senhores e senhoras ainda vivos, é que, do crepúsculo ao alvorecer, um trabalhador de gabinete lutara para escrever uma página imortal que nos valia este *sursis* de um dia. Recomeçaria ao cair da tarde, esta noite, amanhã, até morrer de desgaste; eu era a rendição; eu também deteria a espécie à beira do abismo com minha oferenda mística, com minha obra; imperceptivelmente o militar cedia o posto ao sacerdote: Parsifal trágico, eu me oferecia como vítima expiatória. Desde o dia em que descobri Chantecler, formou-se um nó em meu coração: um nó de víboras que levou trinta anos para desatar-se: dilacerado, ensanguentado, zurzido, este galo encontra o meio de proteger todo um galinheiro; basta seu canto para pôr um gavião em fuga, e a turba abjeta o incensa depois de tê-lo escarnecido; desaparecido o gavião, o poeta volta ao combate, a Beleza o inspira, decuplica-lhes as forças, ele cai sobre o adversário e o derruba. Chorei. Grisélidis, Corneille, Pardaillan, reencontrava a todos em um só: Chantecler seria eu. Tudo me pareceu simples: escrever é aumentar de uma pérola o colar das Musas, legar à posteridade a lembrança de uma vida exemplar, defender o povo contra si mesmo e contra seus inimigos, atrair sobre os homens, mediante uma Missa Solene, a bênção do céu. Não me ocorreu a ideia de que se pudesse escrever para ser lido.

Escreve-se para os vizinhos ou para Deus. Tomei o alvitre de escrever para Deus com o fito de salvar meus vizinhos. Eu queria devedores de obrigações e não leitores. O desdém corrompia minha generosidade. Já no tempo em que eu protegia as órfãs, começava por me livrar delas, mandando que se escondessem. Escritor, meu estilo não mudou: antes de salvar a humanidade, começaria vendando-lhes os olhos; só então me voltaria contra os pequenos mercenários negros e velozes, contra as palavras; quando minha nova órfã ousasse desatar a venda, eu estaria longe; salva por uma façanha solitária, a princípio ela não repararia, chamejando sobre uma prateleira da Nationale[5], no volumezinho totalmente novo que traria meu nome.

Advogo as circunstâncias atenuantes. Existem três. Primeiro, através de um límpido fantasma, era meu direito de viver que eu colocava em questão. Nesta humanidade sem visto que espera o bel-prazer do Artista, terão reconhecido, por certo, a criança empanturrada de felicidade que se entediava em seu poleiro; eu aceitava o mito odioso do Santo que salva o populacho, porque afinal o populacho era eu: eu me declarava salvador patenteado das multidões para efetuar minha salvação discretamente e, como dizem os jesuítas, ainda por cima.

Depois, eu tinha nove anos. Filho único e sem amigo, não imaginava que meu isolamento pudesse acabar. Cumpre confessar que eu era um autor extremamente ignorado. Recomeçara a escrever. Meus novos romances, à falta de melhores, pareciam-se com os antigos, traço por traço, mas ninguém tomava conhecimento deles. Nem eu mesmo, que detestava reler-me: minha pena corria tão depressa que, muitas vezes, me doía o punho; eu atirava sobre o assoalho os cadernos preenchidos, acabava esquecendo-os e eles desapareciam; por essa razão eu não terminava nada: de que vale contar o fim de uma história quando o começo dela se perdera? Aliás, se Karl se tivesse dignado conceder um olhar àquelas páginas, ele não teria sido a meus olhos *leitor*, porém juiz supremo, e eu teria temido que me condenasse. A escritura, meu trabalho escuso, não levava a nada e, ao mesmo tempo, tomava-se a si própria como fim: eu escrevia por escrever. Não me arrependo: fosse eu lido tentaria agradar, voltaria a ser maravilhoso. Clandestino, fui verdadeiro.

Enfim, o idealismo do *clerc* baseava-se no realismo da criança. Disse-o mais acima: por ter descoberto o mundo por meio da linguagem, tomei durante muito tempo a linguagem pelo mundo. Existir era possuir uma marca registrada, em alguma parte nas Tábuas infinitas do Verbo; escrever era gravar nelas seres novos — foi a minha mais tenaz ilusão —, colher as coisas, vivas, na armadilha das frases: se eu combinava engenhosamente as palavras, o objeto enleava-se nos signos, eu o apanhava. Comecei, no Luxembourg, por me fascinar com

---

[5] Bibliothèque Nationale. (N.T.)

um brilhante simulacro de plátano: eu não o observava; muito ao contrário, abria um crédito de confiança ao vazio, esperava; ao cabo de um instante, sua verdadeira folhagem surgia sob a aparência de um simples adjetivo ou, às vezes, de toda uma proposição: eu enriquecera o universo de um palpitante verdor. Nunca depositei meus achados no papel: acumulavam-se, pensava eu, em minha memória. Na realidade, eu os esquecia. Mas eles me faziam pressentir qual seria o meu futuro papel: eu imporia nomes. Desde alguns séculos, em Aurillac, vãos amontoados de brancura reclamavam contornos fixos, um sentido: eu os converteria em verdadeiros monumentos. Terrorista, só lhes visava o ser: eu o constituiria pela linguagem; retórico, só amava as palavras; eu ergueria catedrais de palavras sob o olho azul do termo céu. Construiria para milênios. Quando apanhava um livro, podia abri-lo e fechá-lo vinte vezes, via muito bem que ele não se alterava. Deslizando sobre essa substância incorruptível, o *texto*, meu olhar era apenas um minúsculo acidente de superfície, não atrapalhava nada, não gastava. Eu, em contrapartida, passivo, efêmero, era um pernilongo ofuscado atravessado pelos clarões de um farol; abandonava a escrivaninha, apagava a luz: invisível nas trevas, o livro continuava cintilando; por si só. Eu infundiria às minhas obras a violência destes jatos de luz corrosivos e, mais tarde, nas bibliotecas em ruínas, elas sobreviveriam ao homem.

Comprazi-me em minha obscuridade, almejava prolongá-la, torná-la um mérito meu. Invejava os detentos célebres que, nos calabouços, escreveram em papel de embrulho. Haviam conservado a obrigação de resgatar seus contemporâneos e perdido a de conviver com eles. Naturalmente, o progresso dos costumes diminuía minhas oportunidades de abeberar meu talento na reclusão, mas eu não desesperava de todo: impressionada pela modéstia de minhas ambições, a Providência me tomaria a peito realizá-las. Entrementes, eu me sequestrava por antecipação.

Ludibriada por meu avô, minha mãe não perdia uma só ocasião de pintar minhas alegrias futuras: para me seduzir, punha em minha vida tudo o que faltava à sua: sossego, lazer, concórdia; jovem professor ainda solteiro, uma bonita senhora idosa me alugaria um quarto confortável que recenderia a lavanda e a roupa branca lavada; eu iria ao liceu num pulo, voltaria do mesmo modo; à noite demorar-me-ia no umbral de minha porta a fim de prosear com a dona da casa, que me adoraria; todo mundo, aliás, gostaria de mim, porque eu seria cortês e bem-educado. Eu não ouvia senão uma palavra: teu quarto; esquecia o liceu, a viúva do oficial superior, o odor de província, via apenas um disco de luz sobre minha mesa: no centro de uma peça imersa na sombra, cortinas cerradas, eu me debruçava sobre um caderno encapado de pano preto. Minha mãe continuava o seu relato, saltava dez anos: um inspetor-geral de ensino me protegia, a boa sociedade de Aurillac aceitava receber-me, minha jovem esposa me dedicava o mais terno afeto, eu lhe fazia belas crianças muito sadias, dois filhos e uma filha, ela recebia uma herança, eu comprava um terreno à saída da cidade, mandávamos construir e, todos os domingos, a família inteira ia inspecionar as obras. Eu nada ouvia: durante estes dez anos, não deixara minha mesa; baixinho, bigodudo como meu pai, empoleirado sobre uma pilha de dicionários, meu bigode encanecia, meu punho corria sempre, e os cadernos, um após outro, caíam no assoalho. A humanidade dormia, era noite, minha mulher e meus filhos dormiam a menos que estivessem mortos, a dona da casa dormia; em todas as memórias, o sono me abolira. Que solidão: dois bilhões de homens estirados e eu, por cima deles, o único vigia.

O Espírito Santo me contemplava. Acabava justamente de adotar a decisão de remontar ao Céu e abandonar os homens; eu dispunha apenas do tempo necessário para me oferecer; mostrava-lhes as chagas de minha alma, as lágrimas que embebiam meu papel, ele lia por cima de meu ombro, e sua cólera passava. Fora aplacado pela profundidade dos sofrimentos ou pela magnificência da obra? Eu me dizia: pela obra; às escondidas, pensava: pelos sofrimentos. É claro que o Espírito Santo só apreciava os escritos *verdadeiramente* artísticos, mas eu lera Musset, sabia que "os cânticos mais desesperados são os mais belos" e resolvera captar a Beleza com um desespero ardiloso. A palavra gênio sempre se me afigurava suspeita: estive a ponto de sentir por ela total aversão. Onde estaria a angústia, onde a provação, onde a tentação abortada, onde o mérito, enfim, se eu possuía o dom? Eu mal suportava o fato de ter um corpo e todos os dias a mesma cabeça, não ia deixar que me encerrassem num equipamento. Eu aceitava minha designação, desde que ela não se apoiasse em nada, que brilhasse, gratuita, no vazio absoluto. Eu mantinha conciliábulos com o Espírito Santo: "Hás de escrever", dizia-me. Eu torcia as mãos: "Que tenho eu, Senhor, para que me escolhêsseis?" "Nada de particular." "Então, por que eu?" "Não há razão." "Tenho pelo menos algumas facilidades de pena?" "Nenhuma. Crês que as grandes obras nascem das penas fáceis?" "Senhor, uma vez que sou tão nulo, como poderia produzir um livro?" "Aplicando-te." "Então, todo mundo pode escrever?" "Todo mundo pode, mas foi a ti que escolhi." Esse truque era bastante cômodo: permitia-me proclamar minha insignificância e simultaneamente venerar em mim o autor de futuras obras-primas. Eu era eleito, marcado, mas sem talento: tudo viria da minha longa paciência e de minhas desventuras; eu me negava toda e qualquer singularidade: os traços de caráter afogam; eu não era fiel a nada, exceto ao compromisso real que me conduzia à glória por meio dos suplícios. Restava encontrar tais suplícios; era o único problema, mas parecia insolúvel, pois que me subtraíram a esperança de viver miseravelmente: obscuro ou famoso, eu perceberia meu sustento do Ensino, nunca sentiria fome. Prometi-me cruéis tristezas de amor, mas sem entusiasmo: detestava os amantes transidos; Cyrano me escandalizava, este falso Pardaillan que se aparvalhava diante das mulheres: o verdadeiro arrastava todos os corações na sua esteira, sem prestar sequer atenção ao fato; é justo dizer que a morte de Violetta, sua amante, lhe traspassara o coração para sempre. Uma viuvez, uma chaga incurável: por quê? Por causa de uma mulher, mas jamais por sua culpa; isso me permitiria repelir as tentativas de todas as outras. Caso para aprofundar. Mas, de qualquer maneira, admitindo-se que minha jovem esposa aurillaciana desaparecesse num acidente, semelhante infortúnio não bastaria para me eleger: era ao mesmo tempo fortuito e demasiado comum. Minha fúria levou tudo de vencida; ridicularizados, batidos, certos autores haviam chafurdado até o derradeiro suspiro no opróbrio e na noite, a glória coroara-lhes apenas os cadáveres: eis o que eu seria. Escreveria sobre Aurillac e sobre suas estátuas, conscienciosamente. Incapaz de ódio, visaria tão-somente reconciliar, servir. No entanto, apenas publicado, meu primeiro livro desencadearia o escândalo, tornar-me-ia inimigo público: insultado pelos jornais da Auvergne, os comerciantes recusar-se-iam a servir-me, exaltados arremessariam pedras contra minhas vidraças; a fim de escapar ao linchamento, seria obrigado a fugir. A princípio prostrado, passaria meses na imbecilidade, repetindo sem cessar: "Ora! Isto só pode ser um mal-entendido! Pois se todo mundo é bom." E não seria com efeito senão um mal-entendido, mas o Espírito Santo não permitiria que se dissipasse. Eu me restabeleceria; um dia, tornaria a sentar-me à minha mesa e escreveria novo livro: sobre o mar ou sobre a montanha. Não encontraria editor. Perseguido, disfarçado, proscrito talvez, comporia outros, muitos outros, traduziria Horácio em versos, exporia ideias modestas e todas razoáveis sobre pedagogia. Nada a fazer: meus cadernos haveriam de empilhar-se na mala, inéditos.

A história tinha dois desenlaces: eu escolhia um ou outro conforme meu humor. Nos meus dias pesados, via-me morrer num leito de ferro, odiado por todos, desesperado, na própria hora em que a Glória soprava a sua trombeta. Outras vezes, concedia-me um pouco de ventura. Aos cinquenta anos, a fim de experimentar uma pena nova, eu escreveria meu nome num manuscrito que, pouco depois, se extraviava. Alguém o achava num celeiro, no regato, num armário da casa de onde eu acabava de mudar-me, lia-o, levava-o todo agitado a Arthème Fayard, o célebre editor de Michel Zévaco. Era o triunfo: dez mil exemplares esgotados em dois dias. Quantos remorsos nos corações. Centenas de repórteres se lançavam à minha procura e não me descobriam. Recluso, ignorava por muito tempo a reviravolta da opinião. Um dia, enfim, entro num café para me resguardar da chuva, avisto um jornal que se arrasta, e que vejo eu? "Jean-Paul Sartre, o escritor oculto, o chantre de Aurillac, o poeta do mar." Na terceira página, em seis colunas, em capitais. Exulto. Não: fico voluptuosamente melancólico. Em todo caso, volto a casa, fecho e amarro, com a ajuda de minha hospedeira, a mala com os cadernos e a remeto a Fayard, sem dar meu endereço. Nesse momento de minha narrativa, eu me interrompia a fim de me lançar a deliciosas combinações: se enviasse a encomenda da própria cidade onde residia, os jornalistas não tardariam muito em descobrir o meu refúgio. Transportava portanto a mala a Paris, mandava um portador entregá-la à editora; antes de apanhar o trem, voltava aos lugares da minha infância, rua Le Goff, rua Soufflot, ao Luxembourg. O Balzar me atraía; recordava-me que meu avô — morto neste entretempo — me levara lá algumas vezes, em 1913: nós nos sentávamos lado a lado no estofado; todo mundo nos observava com um ar de conivência; ele pedia uma caneca e, para mim, um copinho de cerveja, eu me sentia amado. Portanto, quinquagenário e nostálgico, empurrava a porta da cervejaria e pedia que me servissem um copo de cerveja. À mesa vizinha, mulheres jovens e belas falavam com vivacidade, pronunciavam meu nome. "Ah!", dizia uma delas, "pode ser que seja velho, que seja feio, mas que importa: daria trinta anos de minha vida para tornar-me sua mulher!". Eu lhe dirigia um sorriso altivo e triste, ela me respondia com um sorriso surpreso, eu me levantava e desaparecia.

Passei muito tempo polindo este episódio e cem outros dos quais poupo o leitor. É fácil reconhecer aí, projetada em um mundo futuro, minha própria infância, minha situação, as invenções de meus seis anos, os enfados de meus paladinos desconhecidos. Eu me amuava ainda, aos nove anos, e colhia disso um prazer extremo: por amuo, eu mantinha, mártir inexorável, um mal-entendido de que o próprio Espírito Santo parecia ter-se cansado. Por que não revelar meu nome àquela atraente admiradora? Ah!, dizia-me eu, ela vem demasiado tarde. — Mas se ela me aceita de qualquer modo? — Bem, é que eu sou pobre demais. — Pobre demais! E os direitos autorais? Esta objeção não me detinha: eu escrevera a Fayard, distribuindo aos pobres o dinheiro que me cabia. Era preciso no entanto concluir: pois bem! Eu me extinguia em meu quartinho, abandonado por todos, porém sereno: missão cumprida.

Uma coisa me impressiona nesse relato mil vezes repetido: a partir do dia em que vejo meu nome no jornal, uma mola se quebra, estou liquidado; gozo tristemente de meu renome, porém não escrevo mais. Os dois desfechos constituem um único: quer eu morra a fim de nascer para a glória, quer a glória venha primeiro e me mate, o desejo de escrever envolve uma recusa de viver. Por volta dessa época uma anedota me perturbava, lida não sei onde: se passava no século anterior; numa parada siberiana, um escritor anda de um lado para o outro à espera do trem. Não há um casebre no horizonte nem vivalma. O escritor não sabe onde pôr a enorme cabeça sorumbática. É míope, celibatário, grosseiro, está sempre furioso; ele se aborrece, pensa na próstata, nas dívidas. De repente surge uma jovem condessa em seu cupê, no caminho que margeia os trilhos: ela salta da viatura, corre para o viajante que ela nunca tinha visto mas que julga reconhecer segundo um daguerreótipo que lhe mostraram, inclina-se, pega-lhe a mão direita e beija-a. A história interrompe-se aí e não sei o que ela pretende indicar. Aos nove anos, eu ficava maravilhado que aquele autor resmungão encontrasse leitoras na estepe e que uma criatura tão bela viesse recordar-lhe a glória que ele esquecera: era nascer. Mais no fundo, era morrer: eu o sentia, assim o queria; um plebeu vivo não podia receber de uma aristocrata semelhante prova de admiração. A condessa parecia dizer-lhe: "Se pude procurar-vos e tocar-vos, é porque não há mesmo necessidade de manter a condição de superioridade; não me preocupo com o que pensardes de meu gesto, não vos considero mais um homem, porém um símbolo de vossa obra."Morto por um beija-mão, a mil verstas de

São Petersburgo, a 55 anos de seu nascimento, um viajante pegava fogo, sua glória o consumia, não deixava dele, em letras de chamas, senão o catálogo de suas obras. Eu via a condessa subir de novo em seu cupê, desaparecer, e a estepe recair na solidão; no crepúsculo, o trem não se detinha na parada a fim de recuperar o atraso; eu sentia, no fundo dos rins, o frêmito do medo; lembrava-me de *Le vent dans les arbres* e me dizia: "A condessa era a morte." Ela viria: um dia, numa estrada deserta, beijaria meus dedos.

A morte era minha vertigem porque eu não amava viver: é o que explica o terror que ela me inspirava. Identificando-a à glória, convertia-a em minha destinação. Quis morrer; às vezes, o horror gelava minha impaciência: nunca por muito tempo; minha alegria religiosa renascia, eu aguardava o instante terrível em que arderia até os ossos. Nossas intenções profundas são projetos e fugas inseparavelmente ligados: a empreitada louca de escrever a fim de que me perdoassem a existência, bem vejo que possuía, apesar das jactâncias e das mentiras, alguma realidade; a prova é que ainda escrevo, cinquenta anos depois. Mas, se remonto às origens, vejo uma fuga para a frente, um suicídio de tolo; sim, mais do que a epopeia, mais do que o martírio, era a morte que eu procurava. Durante muito tempo eu temera findar como começara, em qualquer lugar, de qualquer modo, e que esse vago passamento fosse apenas o reflexo de meu vago nascimento. Minha vocação mudou tudo: os golpes de espada se evolam, os escritos remanescem; descobri que o Doador, nas Belas-Letras, pode transformar-se em seu próprio Dom, isto é, em objeto puro. O acaso me fizera homem, a generosidade me faria livre; eu poderia fundir minha tagarelice, minha consciência, em caracteres de bronze, substituir os rumores de minha vida por inscrições indeléveis, minha carne por um estilo, as enleadas espirais do tempo pela eternidade, apresentar-me ao Espírito Santo como um precipitado da linguagem, tornar-me uma obsessão para a espécie, ser *outro* enfim, outro que não eu, outro que não os outros, outro que não tudo. Começaria por me atribuir um corpo indestrutível e depois me entregaria aos consumidores. Eu não escreveria pelo prazer de escrever, mas para talhar este corpo de glória nas palavras. A considerá-lo do alto de meu túmulo, meu nascimento se me afigurou um mal necessário, uma encarnação inteiramente provisória que preparava minha transfiguração: para renascer era preciso escrever, para escrever era preciso um cérebro, olhos, braços; concluído o trabalho, estes órgãos se reabsorveriam sozinhos: por volta de 1955, uma larva rebentaria, 25 borboletas in-fólio dela escapariam, batendo com todas as suas folhas para ir pousar na prateleira da Bibliothèque Nationale. As borboletas não seriam outras senão eu. Eu: 25 tomos, 18 mil páginas de texto, trezentas gravuras, entre as quais o retrato do autor. Meus ossos são de papelão e de couro, minha carne pergaminhada recende a cola e a bolor; através de sessenta quilos de papel eu me refestelo, inteiramente à vontade. Renasço, torno-me enfim todo um homem, pensante, falante, cantante, tonitruante, que se afirma com a inércia peremptória da matéria. Tomam-me, abrem-me, desdobram-me sobre a mesa, alisam-me com a palma da mão e às vezes me fazem estalar. Submeto-me a tudo e, de súbito, fulguro, ofusco, imponho-me à distância, meus poderes atravessam o espaço e o tempo, fulminam os perversos e protegem os bons. Ninguém pode olvidar-me nem silenciar a meu respeito: sou um grande fetiche manejável e terrível. Minha consciência está em migalhas: tanto melhor. Outras consciências me tomaram a seu cargo. Leem-*me*, salto aos olhos, falam-*me*, estou em todas as bocas, língua universal e singular; em milhões de olhares, torno-me curiosidade prospectiva; para quem me sabe amar, sou sua inquietude mais íntima, mas, se ele quer me tocar, apago-me e desapareço: não existo mais em parte alguma, eu *sou* enfim!, sou em toda parte: parasita da humanidade, meus benefícios roem-na e obrigam-na incessantemente a ressuscitar minha ausência.

Este passe de prestidigitação é bem-sucedido: amortalho a morte no sudário da glória; eu pensava somente nesta, jamais naquela, sem me aperceber de que as duas não constituíam senão uma. Na hora em que escrevo estas linhas, sei que já passei o meu tempo ao menos de alguns anos. Ora, represento-me claramente, sem demasiada alegria, a velhice que se anuncia e minha futura decrepitude, a decrepitude e a morte dos que amo; minha morte, nunca. Sucede-me sugerir aos meus próximos — alguns dos quais têm quinze, vinte, trinta anos menos do que eu — o quanto lamentarei sobreviver-lhes: eles caçoam de mim e eu rio com eles, mas isso nada altera nem alterará; aos nove anos de idade, uma operação privou-me dos meios de sentir um certo patético que dizem próprio de nossa condição. Dez anos mais tarde, na École Normale, este patético despertava em sobressalto, no pavor ou na raiva, alguns de meus melhores amigos: eu roncava, surdo feito um sineiro. Após grave moléstia, um deles nos garantia que conhecera os terrores da agonia, inclusive até o derradeiro suspiro; Nizan era o mais obsedado; às vezes, em plena vigília, via-se cadáver; levantava-se, com os olhos pululando de vermes, apanhava às tontas o seu Borsalino de copa redonda e sumia; encontrávamo-lo dois dias depois, bêbado, em companhia de desconhecidos. Às vezes, num quarto de estudante, estes condenados contavam uns aos outros suas noites insones, suas experiências antecipadas do nada: entendiam-se com meia palavra. Eu os ouvia, gostava bastante deles para desejar apaixonadamente me assemelhar a eles, mas em vão me esforçava, não compreendia e retinha apenas lugares-comuns de enterro: vive-se, morre-se, não se sabe quem vive ou quem morre; uma hora antes da morte, ainda se está vivo. Eu não duvidava de que houvesse na conversa deles um sentido que me escapava; eu me calava, enciumado, no exílio. Por fim, voltavam-se para mim, de antemão agastados: "A você, isso o deixa frio?" Eu abria os braços em sinal de impotência e humildade. Eles riam de raiva, ofuscados pela fulminante evidência que não conseguiam comunicar-me: "Você nunca pensou ao adormecer que havia gente que morria durante o sono? Você nunca pensou ao escovar os dentes: desta vez tá aí, é o meu último dia? Você nunca sentiu que era preciso andar depressa, depressa, muito depressa, que o tempo era curto? Você se julga imortal?" Eu respondia, em parte por desafio, em parte por hábito: "É isso mesmo: eu me julgo imortal." Nada mais falso: eu me premunira contra as mortes acidentais, é só; o Espírito Santo me encomendara uma obra de longo alento, cumpria realmente que me concedesse tempo de realizá-la. Morto de honra, era minha morte que me protegia contra os descarrilamentos, as congestões, a peritonite: tínhamos marcado uma data, ela e eu; se eu me apresentasse ao encontro cedo demais, não a encontraria; meus amigos podiam, na verdade, censurar-me de jamais pensar nela: ignoravam que eu não cessava um minuto sequer de vivê-la.

Hoje, eu lhes dou razão: haviam aceitado tudo de nossa condição, mesmo a inquietude; eu optara por ser tranquilizado; e era verdade, no fundo, que eu me acreditava imortal: eu me matara antecipadamente porque os defuntos são os únicos a gozar da imortalidade. Nizan e Maheu sabiam que seriam objeto de selvagem agressão, que seriam arrancados do mundo inteiramente vivos, cheios de sangue. Eu mentia a mim mesmo: a fim de despir a morte de sua barbárie, eu a convertera em meu alvo e fazia de minha vida o único meio conhecido de morrer: eu seguia lentamente para o meu fim, não alimentando outras esperanças e desejos, exceto os necessários para preencher meus livros, seguro de que o último pulsar de meu coração se inscreveria na última página do último tomo de minhas obras e que a morte colheria apenas um morto. Nizan olhava, aos vinte anos, as mulheres e os carros, todos os bens deste mundo com uma desesperada precipitação: era preciso ver tudo, agarrar tudo imediatamente. Eu também olhava, porém com mais zelo do que cobiça: eu não estava na Terra para gozar, mas para fazer um balanço. Era um pouco cômodo demais: por timidez de criança muito bem-comportada, por covardia, eu recuara perante os riscos de uma existência aberta, livre e sem garantia providencial; eu me persuadira de que tudo estava escrito de antemão ou, melhor ainda, terminado.

Evidentemente essa operação fraudulenta poupava-me a tentação de eu me amar. Ameaçado de abolição, cada um de meus amigos se entrincheirava no presente, descobria a insubstituível qualidade de sua vida mortal e se julgava comovente, precioso, único; cada qual se comprazia consigo próprio; eu, o morto, não me comprazia: eu me achava muito comum, mais enfadonho que o grande Corneille, e minha singularidade de sujeito não oferecia a meus olhos outro interesse, exceto o de preparar o momento que me transmudaria em objeto. Com isso era eu mais modesto? Não; era mais astuto: encarregava meus descendentes de me amarem em meu lugar; para homens e mulheres que ainda não haviam nascido, eu teria, um dia, encanto, um não sei quê, eu lhes faria a felicidade. Eu tinha mais malícia ainda e mais manha: essa vida que eu considerava fastidiosa e que eu soubera apenas tornar instrumento de minha morte, eu a remontava em segredo para salvá-la; eu a encarava através dos olhos futuros e ela me surgia como uma história tocante e maravilhosa, que eu vivera por todos, que ninguém, graças a mim, precisava mais reviver e que bastaria contar. Fi-lo com verdadeiro frenesi: escolhi como porvir um passado de grande morto e tentei viver ao revés. Entre nove e dez anos, tornei-me completamente póstumo.

Não é de todo minha culpa: meu avô me criara na ilusão retrospectiva. Ele tampouco, aliás, é culpado, e estou longe de querer-lhe mal por isso: essa miragem nasce espontaneamente da cultura. Quando as testemunhas desaparecem, o fim de um grande homem deixa de ser para sempre um golpe fulminante, o tempo o converte em um traço de caráter. Um velho defunto está morto por constituição, ele o está no batismo tanto quanto na extrema-unção; sua vida nos pertence, entramos nela por uma ponta, pela outra, pelo meio, descemos ou subimos o seu curso à vontade: é que a ordem cronológica explodiu; é impossível reconstituí-la: este personagem não corre mais qualquer risco e não espera sequer que as cócegas na narina levem à esternutação. Sua existência oferece as aparências de um desenrolamento, mas, desde que se queira infundir-lhe um pouco de vida, ele recai na simultaneidade. Debalde tentaríamos colocar-nos no lugar do desaparecido, fingir partilhar de suas paixões, de suas ignorâncias, de seus preconceitos, ressuscitar resistências abolidas, um quê de impaciência ou de apreensão; não poderíamos impedir-nos de apreciar sua conduta à luz de resultados que não eram previsíveis e de informações de que ele não dispunha, nem de atribuir particular solenidade a eventos cujos efeitos mais tarde o marcaram, mas que ele viveu negligentemente. Eis a miragem: o futuro mais real que o presente. Isto não deve espantar: numa vida acabada, é o fim que se toma pela verdade do começo. O defunto permanece a meio caminho entre o ser e o valor, entre o fato bruto e a reconstrução; sua história torna-se uma espécie de essência circular que se resume em cada um de seus momentos. Nos salões de Arras, um jovem advogado frio e afetado traz a cabeça debaixo do braço porque é o falecido Robespierre; esta cabeça está gotejando sangue mas não mancha o tapete; nenhum dos convivas repara nela e nós não vemos outra coisa; faltam cinco anos para que role no cesto e, no entanto, ei-la, decepada, a recitar madrigais, apesar de seu maxilar pendente. Reconhecido, este desvio de óptica não atrapalha: há meios de retificá-lo; mas os *clercs* da época mascaravam-no, nutriam nele seu idealismo. Quando um grande pensamento quer nascer, insinuavam, ele vai requisitar num ventre de mulher o grande homem que há de portá-lo; ele lhe escolhe sua condição, seu meio, dosa exatamente a inteligência e a incompreensão de seus próximos, regra-lhe a educação, submete-o às provas necessárias e compõe-lhe por toques sucessivos um caráter instável cujos desequilíbrios governa, até que o objeto de tantos desvelos rebenta dando-o à luz. Isso não estava em parte alguma declarado, mas tudo sugeria que o encadeamento das causas cobre uma ordem inversa e secreta.

 Usei dessa miragem com entusiasmo para terminar de garantir meu destino. Agarrei o tempo, coloquei-o com o rabo por cima da cabeça e tudo se aclarou. A coisa começou por um livrinho azul-noite com enfeites de couro um tanto enegrecidos, cujas folhas espessas cheiravam a cadáver e que se intitulava *L'Enfance des hommes illustres*; uma etiqueta atestava que meu tio Georges o recebera em 1885, como segundo prêmio de aritmética. Eu o descobrira, ao tempo de minhas viagens excêntricas, folheara-o e depois enjeitara-o por irritação: aqueles jovens eleitos não se assemelhavam em nada a crianças-prodígio; só eram comparáveis a mim pela insipidez de suas virtudes e eu me perguntava realmente por que se falava deles. Finalmente o livro sumiu: eu decidira puni-lo, escondendo-o. Um ano mais tarde, virei todas as prateleiras à sua procura; eu mudara, a criança-prodígio tornara-se grande homem atormentado pela infância. Uma surpresa: o livro também mudara. Eram as mesmas palavras, porém me falavam de mim. Pressenti que a obra ia perder-me, detestei-a, tive medo dela. Cada dia, antes de abri-la, ia me sentar junto à janela: em caso de perigo, faria entrar em meus olhos a verdadeira luz do dia. Fazem-me rir, hoje em dia, os que deploram a influência de Fantômas ou de André Gide: poderá alguém crer que as crianças não escolhem sozinhas seus venenos? Eu engolia o meu com a ansiosa austeridade dos viciados em drogas. No entanto, ele parecia inofensivo. Os jovens leitores eram estimulados: a sabedoria e a piedade filial conduzem a tudo, até a tornar-se Rembrandt ou Mozart; em curtas novelas, eram delineadas as ocupações muito comuns de rapazes não menos comuns, mas sensíveis e piedosos, que se chamavam Jean-Sébastien, Jean-Jacques ou Jean-Baptiste e que constituíam a felicidade de seus próximos como eu constituía a dos meus. Mas eis o veneno: sem pronunciar jamais o nome de Rousseau, de Bach ou de Molière, o autor punha toda a sua arte em inserir em toda parte alusões à futura grandeza deles, em lembrar negligentemente, através de um pormenor, suas obras ou ações mais famosas, em maquinar tão bem os relatos que não se pudesse compreender o incidente mais banal sem referi-lo a acontecimentos posteriores; no tumulto cotidiano, ele fazia baixar um grande silêncio fabuloso que transfigurava tudo: o porvir. Um certo Sanzio morria de vontade de ver o papa; empenhara-se tanto que o levaram à praça pública um dia em que o Santo Padre por lá passava; o rapazinho empalidecia, arregalava os olhos; diziam-lhe enfim: "Penso que você está contente, Raffaello? Você observou bem, pelo menos, o nosso Santo Padre?" Mas ele respondia, esgazeado: "Que Santo Padre? Vi apenas cores!" Num outro dia o pequeno Miguel, que pretendia abraçar a carreira das armas, sentado ao pé de uma árvore, deleitava-se com um romance de cavalaria quando, de repente, um estrépito de ferragens punha-o em sobressalto: era um velho louco da vizinhança, um fidalgote arruinado que cabriolava sobre um rocinante e apontava sua lança enferrujada contra um moinho. No jantar, Miguel contava o incidente com trejeitos tão engraçados e bem-feitos que provocava um riso louco em todo mundo; porém, mais tarde, só em seu quarto, jogava o romance no chão, pisava-o e soluçava longamente.

Essas crianças viviam no erro: acreditavam agir e falar ao acaso, quando suas menores considerações tinham como escopo real anunciar o seu Destino. O autor e eu trocávamos sorrisos enternecidos por cima de suas cabeças; eu lia a vida daqueles falsos medíocres como Deus a concebera: começando pelo fim. Primeiro, eu me rejubilava: eram meus irmãos, sua glória seria a minha. Depois, tudo oscilava: eu me reencontrava do outro lado da página, *no livro*: a infância de Jean-Paul assemelhava-se às de Jean-Jacques e de Jean-Sébastien e nada lhe sobrevinha que não fosse amplamente premonitório. Só que, desta vez, era para meus sobrinhos-netos que o autor piscava o olho. Eu era visto, da morte ao nascimento, por estas crianças futuras que eu não imaginava, e eu não cessava de enviar-lhes mensagens indecifráveis para mim. Eu estremecia, transido por minha morte, sentido verdadeiro de todos os meus gestos, desapossado de mim mesmo; eu tentava reatravessar a página em sentido inverso e me recolocar do lado dos leitores: erguia a cabeça, pedia ajuda à luz: ora, *isto também* era uma mensagem; esta súbita inquietação, esta dúvida, este movimento dos olhos e do pescoço, como seriam interpretados em 2013, quando estariam de posse das duas chaves que deviam abrir-me, a obra e o passamento? Não pude sair do livro: havia muito que concluíra sua leitura, mas continuava sendo um de seus personagens. Eu me espiava: uma hora antes tagarelara com minha mãe: o que anunciara eu? Lembrava-me de algumas de minhas palavras, e eu as repetia em voz alta, mas não adiantava. As frases escorregavam, impenetráveis; a meus próprios ouvidos, minha voz ressoava como estranha; um anjo trapaceiro me pirateava os pensamentos até em minha cabeça e este anjo não era outro senão um lourinho do século XXX, sentado junto a uma janela, que me observava através de um livro. Com amoroso horror, sentia seu olhar pregando-me com alfinete em meu milênio. Para ele, eu me blefei: fabriquei palavras de duplo sentido que soltava em público. Anne-Marie me encontrava à minha carteira, garatujando, e dizia: "Como está escuro! Meu benzinho estraga os olhos." Era ocasião de responder com plena inocência: "Mesmo na escuridão poderia escrever." Ela ria, chamava-me de bobinho, acendia a luz e a peça estava pregada; ambos ignorávamos que eu acabava de informar o ano 3000 de minha futura enfermidade. Com efeito, ao fim de minha vida, mais cego ainda do que Beethoven foi surdo, eu confeccionaria às apalpadelas minha derradeira obra: achariam o manuscrito entre os meus papéis, as pessoas diriam, decepcionadas: "Mas isto é ilegível!" Cogitariam mesmo de lançá-lo à lata de lixo. Por fim, a Biblioteca Municipal de Aurillac reclamá-lo-ia por pura piedade, ficaria lá cem anos, esquecido. Depois, um dia, por amor a mim, jovens eruditos tentariam decifrá-lo: mal lhes chegaria a vida inteira para reconstruir o que, naturalmente, seria minha obra-prima. Minha mãe saíra do aposento, eu estava só, repetia para mim mesmo, lentamente, sem pensar sobretudo: "No escuro!" Havia um estalo seco: meu sobrinho de sobrinho-neto, lá em cima, fechava o livro: sonhava com a infância do tio-bisavô e lágrimas rolavam-lhe sobre as faces: "No entanto, é verdade", suspirava, "ele escreveu nas trevas!".

Eu desfilava diante de crianças a nascer que se pareciam comigo, traço por traço, eu me arrancava lágrimas evocando as lágrimas que eu as faria derramar. Eu via minha morte através dos olhos delas; ela ocorrera, era a minha verdade: eu me tornei minha própria nota necrológica.

Depois de ler o que precede, um amigo me considerou com ar inquieto: "Você estava", disse-me ele, "ainda mais atacado do que eu imaginava". Atacado? Não sei bem. Meu delírio era manifestamente elaborado. A meus olhos, a questão principal seria antes a da sinceridade. Aos nove anos, permanecia aquém dela; em seguida, fui muito além.

No início, eu era como o olho: um pequeno blefador que sabia deter-se a tempo. Mas eu me aplicava: até no blefe, continuava um aluno esforçado; tomo hoje minhas charlatanices como exercícios espirituais e minha insinceridade como a caricatura de uma sinceridade total que me roçava incessantemente e me escapava. Eu não *escolhera* minha vocação: outros a impuseram a mim. Na realidade, nada houvera: palavras no ar, lançadas por uma velha, e o maquiavelismo de Charles. Mas bastava que eu estivesse convencido. Os adultos, estabelecidos em minha alma, apontavam com o dedo minha estrela; eu não a divisava, mas divisava o dedo, acreditava neles, que pretendiam acreditar em mim. Eles me haviam ensinado que existiam grandes mortos — um dos quais futuro —, Napoleão, Temístocles, Felipe Augusto, Jean-Paul Sartre. Eu não duvidara disso: seria duvidar deles. O último, simplesmente, eu gostaria de encontrar face a face. Eu me abria, contorcia-me a fim de provocar a intuição que cumularia de satisfação; eu era uma mulher fria cujas convulsões solicitam e depois tentam substituir o orgasmo. Dir-se-á que ela é simuladora ou apenas um pouco aplicada demais? De qualquer maneira, eu não conseguia nada, estava sempre antes ou após a impossível visão que me teria descoberto a mim mesmo, e me reencontrava, ao fim de meus exercícios, na dúvida e sem ter ganhado nada, salvo algumas belas enervações. Baseado no princípio da autoridade, na inegável bondade das pessoas adultas, nada podia confirmar nem desmentir meu mandato; fora de alcance, selado, permanecia em mim, porém me pertencia tão pouco que jamais pude, mesmo por um só instante, pô-lo em dúvida, e que eu era incapaz de dissolvê-lo e de assimilá-lo.

Mesmo profunda, a fé nunca é inteira. Cumpre sustentá-la incessantemente ou, pelo menos, abster-se de arruiná-la. Eu era destinado, ilustre, *tinha* meu túmulo no Père-Lachaise e talvez no Panthéon, minha avenida em Paris, meus largos e minhas praças, na província, no estrangeiro: contudo, no âmago do otimismo, invisível, inominado, eu conservava a suspeita de minha inconsistência. Em Sainte-Anne, um doente gritava de seu leito: "Eu sou príncipe! Prendam o grão-duque." Então chegavam perto dele e diziam-lhe ao ouvido: "Assoa-te!" e ele se assoava; perguntavam-lhe: "Qual é teu ofício?" Ele respondia suavemente: "Sapateiro" e recomeçava a berrar. Nós nos assemelhamos todos a este homem, suponho; em todo caso, quanto a mim, no início de meu nono ano, eu me assemelhava a ele: era príncipe e sapateiro.

Dois anos mais tarde, ter-me-iam dado por curado: o príncipe desaparecera, o sapateiro não acreditava em nada, e eu até não escrevia mais; jogados à lata de lixo, perdidos ou queimados, os cadernos de romance cederam lugar aos de análise lógica, ditado e cálculo. Se alguém se introduzisse em minha cabeça aberta a todos os ventos, encontraria alguns bustos, uma tábua de multiplicação aberrante e a regra de três, 32 departamentos com capitais, mas sem subprefeituras, uma rosa denominada rosarosarosamrosærosæerosa, monumentos históricos e literários, algumas máximas de civilidade gravadas em estelas e às vezes, echarpe de bruma arrastando-se sobre este triste jardim, um devaneio sádico. Da órfã, nada. Do bravo, nem sinal. As palavras herói, mártir e santo não estavam inscritas em parte alguma, nenhuma voz as repetia. O ex-Pardaillan recebia a cada trimestre boletins de sanidade satisfatórios: criança de inteligência média e de grande moralidade, pouco dotada para as ciências exatas, imaginativa sem excesso, sensível; normalidade perfeita, apesar de certo maneirismo, aliás em regressão. Ora, eu perdera completamente o juízo. Dois acontecimentos, um público e outro particular, me tinham furtado o pouco de razão que me restava.

O primeiro foi uma verdadeira surpresa: no mês de julho de 1914, contávamos ainda com alguns perversos; mas a 2 de agosto, inopinadamente, a virtude tomou o poder e reinou: todos os franceses tornaram-se bons. Os inimigos de meu avô se atiravam em seus braços, editores se alistaram, o povo miúdo profetizava: nossos amigos recolhiam as grandes palavras simples do porteiro, do carteiro, do encanador e no-las transmitiam; todo mundo se admirava, exceto minha avó, decididamente suspeita. Eu estava maravilhado: a França me apresentava a comédia e eu representei a comédia para a França. Todavia a guerra logo me entediou: atrapalhava tão pouco a minha vida que eu a teria esquecido sem dúvida; mas tomei-lhe aversão quando percebi que ela arruinava minhas leituras. Minhas publicações prediletas sumiram das bancas de jornais; Arnould Galopin, Jo Valle, Jean de la Hire abandonaram seus heróis familiares, estes adolescentes, meus irmãos, que davam a volta ao mundo em biplano, em hidravião, e que lutavam dois ou três contra cem; os romances colonialistas do pré-guerra cederam lugar aos romances guerreiros, povoados de grumetes, de jovens alsacianos e órfãos, mascotes de regimento. Eu detestava estes adventícios. Os pequenos aventureiros da selva, eu os considerava crianças-prodígio porque massacravam nativos que, no fim das contas, são adultos: sendo eu próprio criança-prodígio, me reconhecia neles. Mas com aqueles filhos de soldado, tudo se passava fora deles. O heroísmo individual vacilou: contra os selvagens, sustentava-o a superioridade dos armamentos; contra os canhões dos alemães, o que fazer? Eram necessários outros canhões, artilheiros, um exército. Em meio dos valentes *poilus*[6] que lhe afagavam a cabeça e que a protegiam, a criança-prodígio recaía na infância; e com ela, eu também. De vez em quando, o autor, por

---

[6] Na linguagem dos civis, *poilus* eram os bravos combatentes da Primeira Guerra Mundial: os *poilus* de 14.

compaixão, encarregava-me de levar uma mensagem; os alemães me capturavam, eu oferecia algumas respostas altivas e depois me evadia, ganhava as nossas linhas e me desincumbia de minha missão. Congratulavam-me, é certo, mas sem verdadeiro entusiasmo, e eu não reencontrava nos olhos paternais do general o olhar deslumbrado das viúvas e dos órfãos. Eu perdera a iniciativa: os outros ganhavam as batalhas, ganhariam a guerra sem mim; os adultos retomavam o monopólio do heroísmo, sucedia-me apanhar o fuzil de um morto e disparar alguns tiros, mas nem Arnould Galopin nem Jean de la Hire jamais me permitiram carregar a baioneta. Herói aprendiz, esperava com impaciência a idade de me alistar. Ou antes, não: era o filho do soldado que esperava, era o órfão da Alsácia. Eu me retirava deles, fechava a brochura. Escrever seria um longo trabalho ingrato, eu sabia disto, eu teria toda a paciência. Mas a leitura era uma festa: eu desejava todas as glórias imediatamente. E que futuro me ofereciam? Soldado? Bela coisa! Isolado, o *poilu* não contava mais que uma criança. Lançava-se ao ataque com os outros e era o regimento que vencia a batalha. Não me interessava participar de vitórias comunitárias. Quando Arnould Galopin queria distinguir um militar, não via coisa melhor do que enviá-lo em socorro de um capitão ferido. Este devotamento obscuro me irritava: o escravo salvara o amo. Além disso, era apenas uma façanha de ocasião: em tempo de guerra, a coragem é a coisa mais bem-partilhada; com um pouco de sorte, qualquer outro soldado faria outro tanto. Eu me enraivecia: o que eu preferia no heroísmo do pré-guerra era sua solidão e sua gratuidade: eu deixava atrás de mim as pálidas virtudes cotidianas, eu, totalmente sozinho, inventava o homem, por generosidade: *Le Tour du monde en hydravion, Les Aventures d'un gamin de Paris, Les Trois boy-scouts*, todos estes textos sagrados me guiavam na trilha da morte e da ressurreição. E eis que, de repente, seus autores me traíram: colocaram o heroísmo ao alcance de todos; a coragem e a abnegação tornavam-se virtudes cotidianas; pior ainda, rebaixavam-nas ao grau dos mais elementares deveres. A mudança do cenário parecia-se com essa metamorfose: as brumas coletivas da Argonne substituíram o grande sol único e a luz individualista do equador.

Após uma interrupção de alguns meses, resolvi retomar a pena para escrever romances a meu gosto e dar àqueles senhores uma boa lição. Era outubro de 1914, não tínhamos deixado Arcachon. Minha mãe comprou-me alguns cadernos, todos semelhantes; traziam estampada na capa malva a figura de Joana d'Arc, de capacete, sinal dos tempos. Com a proteção da Donzela, comecei a história do soldado Perrin: ele raptava o *Kaiser*, conduzia-o amarrado às nossas linhas; depois, diante do regimento formado, provocava-o para combate singular, derrubava-o, obrigava-o, com a faca na garganta, a assinar uma paz infamante, devolvendo-nos a Alsácia-Lorena. Ao cabo de uma semana minha narrativa me caceteou. O duelo, eu tomara a ideia de romances de capa e espada: Stoerte-Becker entrava, filho de família e proscrito, numa taverna de bandidos; insultado por um hércules, o chefe do bando, matava-o a murros, assumia-lhe o lugar e saía, rei dos tunantes, exatamente a tempo de embarcar suas hostes num navio pirata. Leis imutáveis e estritas regiam a cerimônia: era preciso que o campeão do Mal fosse tido por invencível, que o do Bem se batesse debaixo de apupos e que seu inesperado triunfo gelasse de terror os zombadores. Mas eu, na minha inexperiência, infringira todas as regras e fizera o contrário do que desejava: por fortaleza que pudesse ser o *Kaiser*, não era um braço de campeão; sabia-se de antemão que Perrin, atleta magnífico, reduzi-lo-ia a picadinho. Além disso, o público lhe era hostil, nossos *poilus* gritavam-lhe seu ódio: por uma inversão que me deixou estupefato, Guilherme II, criminoso mas sozinho, coberto de chalaças e de escarros, usurpou, sob meus olhos, o real desamparo de meus heróis.

Havia algo muito pior. Até então nada confirmara nem desmentira o que Louise chamava minhas "elucubrações": a África era vasta, longínqua, subpovoada, as informações eram escassas, ninguém estava em condições de provar que meus exploradores não se encontravam lá, que não faziam fogo contra os pigmeus na mesma hora em que eu narrava seu combate. Eu não ia a ponto de me tomar pelo historiógrafo deles, mas haviam-me falado tanto da verdade das obras romanescas que eu pensava dizer a verdade através das minhas fábulas, de uma forma que me escapava ainda, mas que saltaria aos olhos de meus futuros leitores. Ora, naquele malfadado mês de outubro, assisti, impotente, ao engavetamento da ficção e da realidade: o *Kaiser* nascido de minha pena, vencido, ordenava a suspensão do fogo; *era necessário*, pois, em boa lógica, que nosso outono assistisse ao retorno da paz: mas precisamente então os jornais e os adultos repetiam da manhã à noite que a gente estava se instalando na guerra e que esta ia durar. Eu me senti mistificado: era um impostor, narrava futilidades em que ninguém ia querer acreditar: em suma, descobri a imaginação. Pela primeira vez em minha vida, reli-me. Corei de vergonha. Fora eu, *eu mesmo*, quem me deleitara com estes fantasmas pueris? Pouco faltou para que renunciasse à literatura. Finalmente levei meu caderno à praia e enterrei-o na areia. O mal-estar se dissipou; readquiri confiança: eu era predestinado sem dúvida; simplesmente, as Belas-Letras possuíam seu segredo, que me revelariam um dia. Entrementes, minha idade me ordenava extrema reserva. Não escrevi mais.

Regressamos a Paris. Abandonei para sempre Arnould Galopin e Jean de la Hire: não conseguia perdoar estes oportunistas por estarem com a razão contra mim. Virei as costas à guerra, epopeia da mediocridade; amargurado, desertei a época e me refugiei no passado. Alguns meses antes, no fim de 1913, descobrira *Nick Carter, Buffalo Bill, Texas Jack, Sitting Bull*: desde o começo das hostilidades, tais publicações desapareceram; meu avô pretendeu que o editor era alemão. Felizmente, encontrava-se entre os revendedores dos cais a maior parte dos fascículos publicados. Arrastei minha mãe às margens do Sena, pusemo-nos a fuçar as bancas uma a uma, desde a Gare d'Orsay até a Gare d'Austerlitz: ocorria-nos voltar com 15 fascículos de uma vez; reuni logo uns quinhentos. Eu os dispunha em pilhas regulares, não me cansava de contá-los, de pronunciar em voz alta seus títulos misteriosos: *Un crime en ballon, Le Pacte avec le Diable, Les Esclaves du baron Moutoushimi, La Résurrection de Dazaar*. Gostava que estivessem amarelecidos, manchados, encarquilhados, com um estranho olor de folhas mortas: *eram* folhas mortas, ruínas, pois a guerra tudo detivera; eu sabia que a última aventura do homem de longa cabeleira continuaria sempre desconhecida para mim, que eu ignoraria sempre a derradeira investigação do rei dos detetives: estes heróis solitários eram, como eu, vítimas do conflito mundial e por isso eu os amava mais ainda. A fim de delirar de júbilo, bastava-me contemplar as gravuras coloridas que ornavam as capas. Buffalo Bill, a cavalo, galopava pela pradaria, ora perseguindo os peles-vermelhas, ora perseguido por eles. Eu preferia as ilustrações de Nick Carter. Há quem as ache monótonas: em quase todas, o grande detetive desanca alguém ou é desancado. Mas estas brigas ocorriam nas ruas de Manhattan, em terrenos baldios, bordejados de escuras cercas ou de frágeis construções cúbicas cor de sangue ressecado: isto me fascinava, eu imaginava uma cidade puritana e sangrenta devorada pelo espaço e mal dissimulando a savana que a suportava: o crime e a virtude eram aí, um e outro, fora da lei; o assassino e o justiceiro, livres e soberanos um e outro, explicavam-se à noite, a golpes de punhal. Nessa cidade, como na África, sob o mesmo sol de fogo, o heroísmo reconvertia-se em perpétua improvisação: daí vem minha paixão por Nova York.

Esqueci conjuntamente a guerra e meu mandato. Quando me perguntavam: "O que é que você vai fazer quando for grande?", redarguia amavelmente, modestamente, que escreveria, mas abandonara meus sonhos de glória e os exercícios espirituais. Graças ao quê, talvez, os anos 1914 foram os mais felizes de minha infância. Minha mãe e eu tínhamos a mesma idade e não nos largávamos. Ela me chamava seu *chevalier servant*, seu homenzinho; eu lhe contava tudo. Mais do que tudo: recolhida, a escritura virou parolagem e tornou a sair por minha boca: eu descrevia o que via, o que Anne-Marie via tão bem como eu, as casas, as árvores, as pessoas; eu me atribuía sentimentos pelo prazer de lhos participar, tornei-me um transformador de energia: o mundo me utilizava para fazer-se palavra. A coisa começava por uma parolice anônima em minha cabeça; alguém dizia: "Eu ando, eu me sento, eu bebo um copo d'água, eu como uma pralina." Eu repetia em voz alta este perpétuo comentário: "Eu ando, mamãe, eu bebo um copo d'água, eu me sento." Julguei possuir duas vozes, uma das quais — que mal me pertencia e não dependia de minha vontade — ditava à outra suas considerações; decidi que eu era duplo. Estas ligeiras perturbações persistiram até o verão: esgotavam-me, irritei-me com elas e acabei por me assustar. "A coisa está falando em minha cabeça", disse a minha mãe, que, por sorte, não se inquietou.

Aquilo não estragava minha felicidade nem nossa união. Tivemos nossos mitos, nossos tiques de linguagem, nossos gracejos rituais. Durante quase um ano, concluí minhas frases, pelo menos uma em dez, com as seguintes palavras, proferidas com irônica resignação: "Mas não faz mal." Eu dizia: "Eis um grande cão branco. Ele não é branco, é cinzento, mas não faz mal." Habituamo-nos a contar um ao outro os mínimos incidentes de nossa vida em estilo épico, à medida que se produziam; falávamos de nós mesmos na terceira pessoa do plural. Aguardávamos o ônibus, este passava junto de nós sem parar; um de nós exclamava então: "Bateram com o pé no chão maldizendo o céu" e desandávamos a rir. Em público, tínhamos nossas conivências: um piscar de olho bastava. Numa loja, um salão de chá, se a vendedora nos parecia gozada, minha mãe me dizia à saída: "Não pude olhar para você, fiquei com medo de cair na gargalhada na cara dela", e sentia-me orgulhoso com meu poder: não há muitos filhos que saibam com um só olhar fazer a mãe cair na gargalhada. Tímidos, tínhamos medo juntos: um dia, no cais, eu descobrira 12 números de *Buffalo Bill* que não possuía ainda; ela se preparava para pegá-los quando um homem se aproximou, gordo e pálido, com olhos carbunculosos, bigodes lustrosos, de palheta e com o aspecto comestível que frequentemente assumiam os belos rapazes da época. Mirava fixamente minha mãe, mas foi a mim que se dirigiu: "Estão te estragando, garoto, estão te estragando!", repetia ele com precipitação. De início, apenas me ofendi: ninguém passava a me tutear tão depressa; mas surpreendi seu olhar maníaco e nós não fomos mais, Anne-Marie e eu, senão uma só mocinha assustada que saltou para trás. Desconcertado, o homem se afastou: esqueci milhares de rostos, mas daquelas faces de banha ainda me lembro; ignorava tudo sobre a carne e não imaginava o que aquele homem pretendia de nós, mas a evidência do desejo é tal que me parecia compreender e que, de certa maneira, tudo me fora desvelado. Este desejo, eu o sentira através de Anne-Marie; através dela, aprendi a farejar o macho, a temê-lo, a detestá-lo. O incidente estreitou nossos laços: eu trotava ao lado de minha mãe com um ar duro, a minha mão na mão dela, e estava certo de protegê-la. É esta a lembrança daqueles anos? Ainda hoje, não posso avistar, sem prazer, uma criança muito séria falando gravemente, ternamente à sua mãe-criança; gosto destas suaves amizades selvagens que nascem longe dos homens e contra eles. Observo longamente estes pares pueris e então me recordo que sou homem e desvio a cabeça.

O segundo acontecimento produziu-se em outubro de 1915: eu estava com dez anos e três meses; não se podia cogitar em conservar-me por mais tempo sob sequestro. Charles Schweitzer açaimou seus rancores e me matriculou no pequeno liceu Henri IV na qualidade de externo.

Na primeira composição, fui o último. Jovem feudal, tomava o ensino como uma ligação pessoal: a srta. Marie-Louise me dera seu saber por amor, e eu o recebera por bondade, por amor a ela. Fiquei desconcertado com aqueles cursos *ex cathedra* que se dirigiam a todos, com a frieza democrática da lei. Submetido a perpétuas comparações, minhas sonhadas superioridades evolaram-se: sempre aparecia alguém para responder melhor ou mais depressa do que eu. Eu era amado demais para me pôr novamente em causa: admirava de bom grado meus colegas e não os invejava — minha vez chegaria. Aos cinquenta anos. Em suma, eu me perdia sem sofrer; presa de desvario seco, entregava diligentemente cópias execráveis. Meu avô já franzia as sobrancelhas; minha mãe apressou-se em solicitar um encontro com o sr. Ollivier, meu principal professor. Ele nos recebeu em seu pequeno apartamento de homem solteiro; minha mãe assumira sua voz cantante; em pé, junto de sua poltrona, eu a escutava enquanto observava o sol através da poeira das vidraças. Ela se esforçou em provar que eu valia mais que meus deveres: eu aprendera a ler sozinho, escrevia romances; já sem argumentos, revelou que eu nascera aos dez meses: melhor cozido que os outros, mais dourado, mais estalante por haver ficado mais tempo no forno. Sensível aos encantos dela mais do que a meus méritos, o sr. Ollivier ouvia-a atentamente. Era um sujeito alto, descarnado, calvo, todo crânio, com olhos cavados, uma tez de cera; debaixo do longo nariz arqueado tinha alguns pelos ruivos. Recusou ministrar-me aulas particulares, mas prometeu me "acompanhar de perto". Eu não pedia mais do que isto: seguia seu olhar durante as aulas, ele se dirigia só a mim, eu estava certo; julguei que gostasse de mim e eu gostava dele; algumas boas palavras completavam o resto: tornei-me sem grande esforço um aluno bastante bom. Meu avô resmungava ao ler os boletins trimestrais, porém não pensava mais em tirar-me do liceu. Na segunda série ginasial, passei a outros professores, perdi meu tratamento de favor, mas já estava habituado à democracia.

Meus trabalhos escolares não me deixavam tempo para escrever; minhas novas convivências me tiraram até a vontade de fazê-lo. Por fim eu tinha amigos! Eu, o excluso dos jardins públicos, fora adotado desde o primeiro dia e da maneira mais natural do mundo: eu estava pasmado. A bem dizer, meus amigos pareciam mais próximos de mim que os jovens Pardaillan que me haviam partido o coração: eram externos, filhinhos de mamãe, alunos aplicados. Não importa: eu exultava. Passei a levar duas vidas. Em família, continuava a macaquear o homem. Mas as crianças entre si detestavam a infantilidade: são homens de verdade. Homem entre os homens, eu saía do liceu todos os dias em companhia dos três Malaquin, Jean, René e André, de Paul e Norbert Meyre, de Brun, de Max Bercot, de Grégoire; corríamos em algazarra pela praça do Panthéon; era um momento de grave felicidade: eu me lavava da comédia familial; longe de querer brilhar, ria em eco, repetia as palavras de ordem e os ditos gozados, me calava, obedecia, imitava os gestos de meus vizinhos, só nutria uma paixão: integrar-me. Seco, duro e alegre, sentia-me de aço, enfim livre do pecado de existir: jogávamos bola, entre o hotel des Grands Hommes e a estátua de Jean-Jacques Rousseau; eu era indispensável: *the right man in the right place*. Eu não tinha mais a menor inveja do sr. Simonnot: a quem Meyre, fitando Grégoire, teria dado o passe se *eu não estivesse aqui presente, agora*? Como pareciam insípidos e fúnebres meus sonhos de glória em face dessas instituições fulgurantes que me revelavam minha necessidade.

Por desgraça, elas se apagavam mais depressa do que se acendiam. Nossos jogos nos "superexcitavam", como nossas mães diziam, e transformavam por vezes nossos grupos em pequena multidão unânime que me engolia; mas nunca logramos esquecer por muito tempo nossos pais, cuja invisível presença nos levava a recair logo na solidão em comum das colônias animais. Sem alvo, sem fim, sem hierarquia, nossa sociedade oscilava entre a fusão total e a justaposição. Juntos, vivíamos na verdade, mas não podíamos fugir ao sentimento de que éramos emprestados uns aos outros e de que pertencíamos, cada qual, a coletividades estreitas, poderosas e primitivas, que forjavam mitos fascinantes, que se nutriam de erro e nos impunham seu arbítrio. Mimados e bem-pensantes, sensíveis, *raisonneurs*, assustados com a desordem, detestando a violência e a injustiça, unidos e separados pela convicção tácita de que o mundo fora criado para nosso uso e que nossos respectivos pais eram os melhores do mundo, levávamos a peito não ofender ninguém e permanecer corteses até em nossos jogos. Troças e chalaças eram entre nós severamente proscritas; quando um se exaltava, o grupo inteiro cercava-o, apaziguava-o, obrigava-o a desculpar-se; era sua própria mãe que lhe ralhava pela boca de Jean Malaquin ou de Norbert Meyre. Todas aquelas senhoras se conheciam, aliás, e se tratavam cruelmente: relatavam umas às outras nossas palavras, nossas críticas, os juízos de cada um sobre todos; nós outros, os filhos, nos escondíamos delas. Minha mãe voltou indignada de uma visita à sra. Malaquin, que lhe dissera sem rodeios: "André acha que Poulou faz histórias." Esta reflexão não me perturbou: assim falam as mães entre si, nem por isso quis mal a André e não lhe soltei palavra sobre o caso. Assim, respeitávamos o mundo inteiro, os ricos e os pobres, os soldados e os paisanos, os jovens e os velhos, os homens e os animais: só sentíamos menosprezo pelos semi-internos e pelos internos: deviam ser realmente culpados para que suas famílias os abandonassem; talvez os pais fossem maus, isso porém não melhorava nada: os filhos têm os pais que merecem. À tarde, depois das quatro horas, quando os externos livres saíam, o liceu convertia-se num abrigo.

Amizades tão precavidas sempre importam em alguma frieza. Nas férias, nos separávamos sem pesar. No entanto, eu gostava de Bercot. Filho de viúva, era meu irmão. Era belo, franzino e manso; eu não me cansava de mirar seus longos cabelos negros penteados à Joana d'Arc. Mas, acima de tudo, tínhamos, ambos, orgulho de haver lido tudo e nos isolávamos em um canto do recreio para falar de literatura, isto é, para recomeçar cem vezes, sempre com prazer, a enumeração das obras que passaram por nossas mãos. Um dia, ele me fitou com um olhar maníaco e me confiou que pretendia escrever. Encontrei-o mais tarde, na classe de retórica, sempre belo mas tuberculoso: morreu aos 18 anos.

Todos nós, mesmo o bem-comportado Bercot, admirávamos Bénard, um menino friorento e roliço que parecia um pintainho. O rumor de seus méritos chegara aos ouvidos de nossas mães, que se irritaram um pouco, mas não se cansavam de apontá-lo como exemplo, sem chegar a nos desgostar dele. Que se julgue de nossa parcialidade: ele era semi-interno e nós o apreciávamos ainda mais por isso; a nossos olhos, era um externo de honra. À noite, sob a lâmpada familiar, pensávamos naquele missionário que permanecia na selva para converter os canibais do internato e sentíamos menos receio. É justo dizer que os próprios internos o respeitavam. Não percebo mais claramente as razões deste consenso unânime. Bénard era suave, afável, sensível: além disso, o primeiro em tudo. Ademais, sua mãe passava privações por ele. Nossas mães não se davam com aquela costureira, mas mencionavam-na amiúde para nos fazer medir a grandeza do amor materno; nós só pensávamos em Bénard: ele era o facho, a alegria daquela desventurada: medíamos a grandeza do amor filial; todo mundo, enfim, se enternecia com aqueles bons pobres. Contudo, só isso não seria suficiente: a verdade é que Bénard vivia apenas pela metade; nunca o encontrei sem um grosso cachecol de lã; ele nos sorria gentilmente, mas falava pouco, e recordo-me de que foi proibido de se misturar a nossos jogos. De minha parte, eu o venerava tanto mais quanto sua fragilidade o separava de nós: fora colocado numa redoma de vidro; ele nos fazia saudações e sinais atrás do vidro, mas não nos aproximávamos dele: nós o amávamos de longe porque apresentava, já em vida, a evanescência dos símbolos.

A infância é conformista: nós lhe éramos gratos por levar a perfeição até a impessoalidade. Se ele conversava conosco, a insignificância de suas palavras nos encantava; nunca o vimos com raiva ou alegre demais; na aula, nunca levantava o dedo, mas, quando o interrogavam, a Verdade falava por sua boca, sem hesitação e sem zelo, precisamente como deve falar a Verdade. Ele aturdia de espanto nossa gangue de crianças-prodígio porque era o melhor sem ser prodigioso. Naquele tempo, éramos todos mais ou menos órfãos de pai: estes senhores estavam mortos ou na frente de combate; os que restavam, diminuídos, desvirilizados, procuravam fazer com que seus filhos os esquecessem; era o reinado das mães: Bénard refletia para nós as virtudes negativas desse matriarcado.

Ao fim do inverno, ele morreu. As crianças e os soldados pouco se preocupavam com os mortos: contudo, éramos quarenta a soluçar atrás do ataúde. Nossas mães velavam: o abismo foi recoberto de flores; elas fizeram tanto que consideramos aquele desaparecimento como um superprêmio de distinção concedido durante o ano letivo. Além disso, Bénard vivia tão pouco que não morreu verdadeiramente: permaneceu entre nós, presença difusa e sagrada. Nossa moralidade deu um salto: dispúnhamos de nosso caro defunto, falávamos dele em voz baixa, com melancólico prazer. Seríamos talvez, como ele, prematuramente arrebatados: imaginávamos as lágrimas de nossas mães e nos sentíamos preciosos. No entanto, terei sonhado? Guardo confusamente a lembrança de atroz evidência: aquela costureira, aquela viúva, perdera *tudo*. Terei realmente sufocado de horror diante deste pensamento? Terei entrevisto o Mal, a ausência de Deus, um mundo inabitável? Eu o creio: por que, do contrário, da minha infância renegada, esquecida, perdida, teria a imagem de Bénard conservado sua dolorosa nitidez?

Algumas semanas mais tarde a segunda série A I foi palco de um acontecimento singular: durante a aula de latim, a porta abriu-se, Bénard entrou, escoltado pelo porteiro; saudou o sr. Durry, nosso professor, e sentou-se. Todos nós reconhecemos seus óculos de ferro, seu cachecol, seu nariz algo arqueado, seu ar de pintainho friorento: julguei que Deus no-lo devolvia. O sr. Durry pareceu partilhar de nosso estupor: interrompeu-se, respirou fortemente e perguntou: "Sobrenome, nome, qualidade, profissão dos pais." Bénard respondeu que era semi-interno e filho de engenheiro, que se chamava Paul-Yves Nizan. Fiquei mais impressionado do que todos; no recreio, procurei uma aproximação, ele respondeu: estávamos ligados. Um pormenor, contudo, fez-me pressentir que eu não estava tratando com Bénard, porém com seu simulacro satânico: Nizan era vesgo. Era tarde demais para levar o fato em conta: eu amara naquele rosto a encarnação do Bem; acabei amando-o, por ele mesmo. Eu fora colhido na cilada, meu pendor pela virtude me induzira a amar o Diabo. A bem dizer, o pseudo Bénard não era realmente malvado: ele vivia, é só; possuía todas as qualidades do sósia, mas emurchecidas. Nele, a reserva de Bénard virava dissimulação; vencido por emoções violentas e passivas, não gritava, mas nós o vimos ficar branco de raiva, gaguejar: o que tomávamos por doçura era apenas uma paralisia momentânea; não era a verdade que se exprimia por sua boca, mas uma espécie de objetividade cínica e leviana que nos deixava contrafeitos porque não estávamos habituados a ela e, conquanto adorasse os pais, é claro, era o único a falar deles ironicamente. Em classe, brilhava menos que Bénard; em compensação, lera muito e almejava escrever. Em suma, era uma pessoa completa e nada me assombrava mais do que ver uma pessoa sob os traços de Bénard. Obsedado por essa semelhança, eu nunca sabia se havia de louvá-lo por oferecer a aparência da virtude ou censurá-lo por apresentar apenas a aparência, e eu passava incessantemente da cega confiança à desconfiança desarrazoada. Só nos tornamos verdadeiros amigos muito mais tarde, após longa separação.

Durante dois anos estes acontecimentos e encontros suspenderam minhas ruminações sem eliminar-lhes a causa. De fato, em profundidade, nada mudara: eu não pensava mais no mandato em mim depositado pelos adultos em envelope lacrado, mas ele subsistia. Apoderou-se de minha pessoa. Aos nove anos, até em meus piores excessos, eu me vigiava. Aos dez, me perdi de vista. Eu corria com Brun, conversava com Bercot, com Nizan: entrementes, abandonada a si própria, minha falsa missão tomou corpo e, finalmente, descambou em minha noite; não a revi mais, ela me fez, ela exercia sua força de atração em tudo, curvando as árvores e os muros, abobadando o céu por cima de minha cabeça. Eu me tomara por príncipe, e minha loucura foi sê-lo. Neurose de caráter, diz um analista meu amigo. Ele tem razão: entre o verão de 14 e o outono de 1916, meu mandato tornou-se meu caráter; meu delírio saiu de minha cabeça para se moldar nos meus ossos.

Nada de novo me acontecia: eu voltava a encontrar intacto o que encenara, profetizara. Com uma única diferença: sem conhecimento, sem palavras, às cegas, *realizei* tudo. Outrora, eu representava minha vida por meio de imagens: era minha morte provocando meu nascimento, era meu nascimento atirando-me para minha morte; desde que renunciei a vê-la, tornei-me eu próprio essa reciprocidade, estiquei-me a ponto de rebentar entre estes dois extremos, nascendo e morrendo a cada batida do coração. Minha eternidade futura fez-se meu futuro concreto: ela cunhava cada instante de frivolidade, estava no centro da mais profunda atenção, uma distração mais profunda ainda, o vazio de toda plenitude, a leve irrealidade da realidade; ela matava, de longe, o gosto de um caramelo em minha boca, as tristezas e os prazeres em meu coração; mas salvava o momento mais nulo pela simples razão de que ele vinha por último e me aproximava dela; ela me deu a paciência de viver: nunca mais desejei pular vinte anos, folhear vinte outros, nunca mais imaginei os dias longínquos de meu triunfo; esperei. A cada minuto, esperei o próximo, porque ela atraía o seguinte. Vivi serenamente na extrema urgência: sempre adiante de mim mesmo, tudo me absorvia, nada me retinha. Que alívio! Outrora meus dias se pareciam tanto que eu me perguntava às vezes se não estava condenado a sofrer o eterno retorno do mesmo. Não tinham mudado muito, conservavam o mau costume de se deixar cair tremulante; mas *eu* mudara neles: já não era o tempo que refluía sobre minha infância imóvel, era eu, flecha disparada por ordem, que furava o tempo e corria reta ao alvo. Em 1948, em Utrecht, o professor Van Lennep me mostrava alguns testes projetivos. Um determinado cartão reteve minha atenção: figuravam nele um cavalo a galope, um homem caminhando, uma águia em pleno voo, uma lancha-motor saltando; a pessoa devia indicar a vinheta que lhe causava a mais forte sensação de velocidade. Eu disse: "É a lancha." Depois observei curiosamente o desenho que se impusera de maneira tão brutal: a lancha parecia decolar do lago, em um instante planaria acima daquele marasmo onduloso. O motivo de minha escolha me ocorreu imediatamente: aos dez anos, tivera a impressão de que minha proa fendia o presente e dele me arrancava; desde então corri e corro ainda. A velocidade não se distingue tanto, a meus olhos, pela distância percorrida em um lapso de tempo definido, quanto pelo poder de arranque.

Há mais de vinte anos, uma noite em que atravessava a Place d'Italie, Giacometti foi atropelado por um carro. Ferido, com a perna torcida, no desmaio lúcido em que mergulhou, sentiu primeiro uma espécie de alegria: "Enfim, alguma coisa me aconteceu!" Conheço o radicalismo dele: esperava o pior; essa vida que ele amava a ponto de não almejar nenhuma outra fora transformada, rompida talvez pela estúpida violência do acaso: "Portanto", pensava ele, "eu não era feito para esculpir, nem mesmo para viver; não era feito para nada". O que o exaltava era a ordem ameaçadora das causas de súbito desmascarada e o fato de fixar sobre as luzes da cidade, sobre os homens, sobre seu próprio corpo estatelado na lama, o olhar petrificante de um cataclismo: para um escultor, o reino mineral nunca está longe. Admiro essa vontade de tudo acolher. Se a gente ama as surpresas, é preciso amá-las até este ponto, até estas raras fulgurações que revelam aos amadores que a Terra não é feita para eles.

Aos dez anos, eu pretendia amar somente elas. Cada elo de minha vida devia ser imprevisto, cheirar a pintura fresca. Concordava de antemão com os contratempos, com as desventuras; para ser justo, cumpre dizer que eu lhes mostrava boa cara. Uma noite a luz elétrica apagou-se: um defeito; chamaram-me de outra sala, avancei de braços abertos e fui dar com a cabeça num batente de porta com tanta força que quebrei um dente. Isto me divertiu; apesar da dor, dei risadas. Como Giacometti mais tarde daria risadas de sua perna, mas por razões diametralmente opostas. Uma vez que decidira de antemão que minha história teria um desenlace feliz, o imprevisto não podia ser senão um logro, a novidade senão uma aparência; a exigência dos povos, ao me engendrar, regrava tudo: vi naquele dente quebrado um signo, uma premonição obscura que eu compreenderia mais tarde. Em outros termos, eu conservava a ordem dos fins em qualquer circunstância, a qualquer preço; encarava minha vida através de meu passamento e via apenas uma memória fechada, de onde nada podia sair, onde nada entrava. Imaginar-se-á minha segurança? Os acasos não existiam: eu só me havia com suas contrafações providenciais. Os jornais faziam crer que forças esparsas se arrastavam pelas ruas, ceifavam a gente miúda: eu, o predestinado, não as encontraria. Talvez perdesse um braço, uma perna, os dois olhos. Mas tudo dependia da maneira: meus infortúnios nunca passariam de provações, de meios de fazer um livro. Aprendi a suportar as aflições e as moléstias; vi nelas as primícias de minha morte triunfal, os degraus que esta talhava para me elevar até ela. Tal solicitude algo brutal não me desagradava e eu me esforçava vivamente em mostrar-me digno dela. Eu considerava o pior como a condição do melhor; minhas próprias faltas serviam, o que quer dizer que eu não as cometia. Aos dez anos, estava seguro de mim: modesto, intolerável, via em minhas derrotas as condições de minha vitória póstuma. Cego ou estropiado, transviado por meus erros, eu ganharia a guerra à força de perder as batalhas. Eu não diferenciava entre as provas reservadas aos eleitos dos malogros cuja responsabilidade me cabia; isto significa que meus crimes me pareciam, no fundo, infortúnios e que eu reivindicava minhas desgraças como faltas; na realidade, eu não podia pegar uma doença, fosse sarampo ou resfriado, sem me declarar culpado: eu não tomara cuidado, esquecera-me de pôr o casaco, o cachenê. Sempre preferi acusar a mim mesmo a acusar o universo; não por bonomia: para depender somente de mim próprio. Esta arrogância não excluía a humildade: eu me acreditava falível, com tanto mais gosto quanto minhas fraquezas eram forçosamente o caminho mais curto até o Bem. Eu dava um jeito de sentir no movimento de minha vida uma irresistível atração que me coagia incessantemente, ainda que a despeito de mim mesmo, a efetuar novos progressos.

Todas as crianças sabem que progridem. Aliás, não se lhes permite ignorá-lo. "Progressos a fazer, em progresso, progressos sérios e regulares..." Os adultos nos contavam a história da França: após a Primeira República, esta incerta, houvera a segunda e depois a terceira, que era a boa: jamais dois sem três. O otimismo burguês se resumia então no programa dos radicais: abundância crescente dos bens, supressão do pauperismo pela multiplicação das luzes e da pequena propriedade. Nós outros, jovens senhores, a cujo alcance ele fora colocado, descobríamos, satisfeitos, que nossos progressos individuais reproduziam os da Nação. Eram raros, no entanto, os que desejavam guindar-se acima de seus pais: para a maioria, tratava-se apenas de chegar à idade adulta; em seguida cessariam de crescer e de se desenvolver: era o mundo, em torno deles, que se tornaria espontaneamente melhor e mais confortável. Alguns dentre nós aguardavam o momento com impaciência, outros com medo e terceiros com saudades. Quanto a mim, antes de ser devotado, eu crescia na indiferença: a toga pretexta pouco me importava. Meu avô me achava minúsculo e se desolava: "Terá a estatura dos Sartre", observava minha avó, para irritá-lo. Ele fingia não ouvir, se plantava diante de mim e me olhava com desdém: "Está crescendo!", dizia enfim, sem muita convicção. Eu não partilhava de suas inquietações, nem de suas esperanças: as ervas daninhas crescem também; é prova de que se pode ficar grande sem deixar de ser mau. Meu problema, então, era ser bom *in aeternum*. Tudo mudou quando minha vida adquiriu velocidade: não bastava mais fazer bem, era mister fazer *melhor* a todo momento. Não tive mais senão uma lei: escalar. A fim de nutrir minhas pretensões e mascarar seu caráter desmesurado, recorri à experiência comum: nos progressos vacilantes de minha infância, quis enxergar os primeiros efeitos de meu destino. Estas melhorias verdadeiras, porém pequenas e muito ordinárias, deram-me a ilusão de experimentar minha força ascensional. Criança pública, adotei em público o mito de minha classe e de minha geração: é aproveitar o adquirido, capitalizar a experiência, o presente se enriquece com todo o passado. Na solidão, eu estava longe de satisfazer-me com isso. Eu não podia admitir que a gente recebesse o ser de fora, que ele se conservasse por inércia, nem que os movimentos da alma fossem os efeitos dos movimentos anteriores. Nascido de uma expectativa futura, eu saltava, luminoso, total, e cada instante repetia a cerimônia de meu nascimento: eu queria ver nas afecções de meu coração um crepitar de fagulhas. Por que, pois, haveria o passado de me enriquecer? Ele não me fizera; era eu, ao contrário, ressuscitando de minhas cinzas, que arrancava do nada minha memória através de uma criação sempre recomeçada. Eu renascia melhor e utilizava melhor as inertes reservas de minha alma pela simples razão de que a morte, cada vez mais próxima, me iluminava mais vivamente com sua obscura luz. Diziam-me amiúde: o passado nos impele; mas eu estava convencido de que o futuro me puxava; eu teria detestado sentir em mim forças mansas em ação, o lento desabrochar de minhas disposições. Eu introduzira o progresso contínuo dos burgueses em minha alma e o convertia num motor a explosão; rebaixei o passado perante o presente e este diante do futuro; transformei um evolucionismo tranquilo em um catastrofismo revolucionário e descontínuo. Fizeram-me notar, há alguns anos, que os personagens de minhas peças e de meus romances tomam suas decisões bruscamente e por crise, que basta um instante, por exemplo, para que o Orestes d'*As moscas* realize sua conversão. Por minha vida: é que eu os crio à minha imagem; não absolutamente como sou, sem dúvida, mas como pretendi ser.

Tornei-me traidor e continuei a sê-lo. Em vão me ponho de corpo inteiro no que empreendo, entrego-me sem reserva ao trabalho, à cólera, à amizade; num instante me renegarei, eu o sei, o quero e me traio já em plena paixão, pelo pressentimento jubiloso de minha traição futura. Em geral, mantenho meus compromissos como outro qualquer; constante em meus afetos e em minha conduta, sou infiel às minhas emoções: monumentos, quadros, paisagens, houve tempo em que o último a ser visto era sempre o mais belo; eu descontentava meus amigos evocando com cinismo ou simplesmente com leviandade — para me persuadir de que estava desligado dela — uma lembrança comum que para eles talvez continuasse preciosa. Por não me amar bastante, fugi para a frente; resultado: amo-me menos ainda; esta inexorável progressão me desqualifica incessantemente a meus olhos: ontem agi mal porque era ontem e pressinto hoje o juízo severo que pronunciarei sobre mim amanhã. Nada de promiscuidade, sobretudo: mantenho meu passado a distância respeitosa. A adolescência, a idade madura, o próprio ano que acaba de escoar-se, isto será sempre o Antigo Regime: o Novo se anuncia na hora presente, mas nunca é instituído: amanhã, o barbeiro trabalhará grátis. Meus primeiros anos, sobretudo, eu os risquei: quando comecei este livro, precisei de muito tempo para decifrá-los sob as rasuras. Alguns amigos se admiraram, quando eu tinha trinta anos: "Dir-se-ia que você não teve pais. Nem infância." E eu cometia a tolice de ficar lisonjeado. Amo e respeito, no entanto, a humildade e tenaz fidelidade que certas pessoas — mulheres principalmente — devotam a seus gostos, a seus desejos, a suas velhas iniciativas, às festas desaparecidas; admiro sua vontade de permanecer as mesmas em meio da mudança, de salvar sua memória, de levar para a morte uma primeira boneca, um dente de leite, um primeiro amor. Conheci homens que dormiram tarde na vida com uma mulher envelhecida pela exclusiva razão de que a desejaram na juventude; outros guardavam rancor aos mortos ou prefeririam bater-se a reconhecer uma falta venial praticada vinte anos antes. Eu não alimento rancores e confesso tudo, complacentemente: sou dotado para a autocrítica, desde que não a queiram impor a mim. Fizeram misérias em 1936, em 1945, ao personagem que trazia meu nome: será que o fato me concerne? Levo ao débito daquela as afrontas sofridas: o imbecil não sabia sequer fazer-se respeitar. Um velho amigo me encontra; exposição de azedume: nutre um agravo há 17 anos; em determinada circunstância, tratei-o sem consideração. Recordo-me vagamente de que, na época, me defendia contra-atacando, que eu lhe censurava a suscetibilidade, a mania de perseguição, digamos que eu possuía minha versão pessoal do incidente: dou-me, portanto, a maior pressa em adotar a dele; abraço sua opinião, culpo-me: comportei-me como vaidoso, como egoísta, não tenho coração; é um famoso massacre: deleito-me com minha lucidez; reconhecer minhas faltas com tanta boa vontade é provar-me que eu não poderia mais praticá-las. Crer-se-ia nisto? Minha lealdade, minha generosa confissão apenas conseguem irritar o queixoso. Ele desfez a minha jogada, sabe que me sirvo dele: é de mim que ele tem raiva, de mim vivo, presente, passado, o *mesmo* que ele sempre conheceu e eu lhe abandono um despojo inerte pelo prazer de me sentir uma *criança recém-nascida*. Acabo exaltando-me, por meu turno, contra aquele louco furioso que desenterra cadáveres. Inversamente, se alguém vem rememorar uma circunstância em que, segundo me dizem, não fiz feio, varro com a mão esta lembrança; os outros julgam-me muito modesto, mas é exatamente o contrário: penso que faria melhor hoje e *tão melhor* amanhã. Os escritores em idade madura não gostam de ser felicitados com demasiado ardor pela primeira obra: mas é a mim, estou certo, que tais cumprimentos causam menos prazer. Meu melhor livro é o que estou escrevendo; segue-se-lhe imediatamente o último publicado, mas me preparo, devagarinho, para logo enjoar dele. Se os críticos o acham hoje mau, talvez me firam com isso, mas dentro de seis meses não estarei longe de partilhar da mesma opinião. Com uma condição, todavia: por mais pobre e mais nula que julguem a obra, quero que a coloquem acima de tudo quanto produzi antes dela; consinto que o lote todo seja depreciado, contanto que se mantenha a hierarquia cronológica, a única que me reserva a sorte de fazer amanhã melhor, depois de amanhã melhor ainda e de acabar por uma obra-prima.

Naturalmente não sou trouxa: bem vejo que nos repetimos. Mas este conhecimento mais recentemente adquirido rói minhas velhas evidências sem dissipá-las de todo. Minha vida dispõe de algumas testemunhas carrancudas que não me passam nada; elas me surpreendem muitas vezes reincidindo nas mesmas rotinas. Elas me dizem isto, creio nelas e, no último momento, me felicito: ontem eu estava cego; meu progresso de hoje é ter compreendido que não progrido mais. Às vezes, eu próprio sou minha testemunha de acusação. Por exemplo, dou-me conta de que, dois anos antes, escrevi uma página que poderia servir-me. Procuro-a e não a descubro; tanto melhor: eu ia, cedendo à preguiça, introduzir uma velharia numa obra nova: escrevo tão melhor hoje, vou refazê-la. Quando termino o trabalho, um acaso me põe entre as mãos a página extraviada. Estupor: exceto por algumas vírgulas a menos, eu exprimia a mesma ideia nos mesmos termos. Hesito e depois jogo ao cesto este documento prescrito, guardo a nova versão: ela tem um não sei quê de superior à antiga. Em uma palavra, me arranjo: desiludido, blefo a mim mesmo para sentir ainda, apesar do envelhecimento que me deteriora, a jovem ebriedade do alpinista.

Aos dez anos eu ainda não conhecia minhas manias, minhas repetições ociosas e a dúvida não me roçava: saltitando, tagarelando, fascinado pelos espetáculos da rua, não cessava de criar pele nova e ouvia minhas peles velhas caírem umas sobre as outras. Quando subia a rua Soufflot, experimentava a cada pernada, na ofuscante desaparição das vitrines, o movimento de minha vida, sua lei e o belo mandato de ser infiel a tudo. Eu me levava todo inteiro comigo. Minha avó quer reaparelhar seu serviço de mesa; acompanho-a a uma loja de porcelanas e cristais; ela indica uma sopeira com um tampo encimado por uma maçã vermelha, pratos floreados. Não é de todo o que deseja: nos pratos dela há naturalmente flores, mas também insetos escuros que trepam ao longo das hastes. A vendedora se anima, por sua vez: sabe muito bem o que a cliente quer, ela já teve o artigo, mas há três anos que não mais o fabricam; este modelo é mais recente, mais vantajoso, e além disso, com ou sem insetos, flores — não é? — são sempre flores; ninguém vai ficar, é o caso de dizer-se, catando pulgas em leões. Minha avó não é dessa opinião, ela insiste: não se poderia dar uma olhada no depósito? Ah, no depósito sim, decerto, mas exigiria tempo e a vendedora está só: seu empregado acaba de deixá-la. Fui relegado a um canto com a recomendação de não mexer em nada, esqueceram-me, aterrorizado com as fragilidades que me cercam, com cintilações poeirentas, com a máscara de Pascal morto, com um vaso noturno que representa a cabeça do presidente Fallières. Ora, malgrado as aparências, sou um falso personagem secundário. Assim alguns autores empurram "utilidades" para a boca do palco e apresentam o herói fugidiamente em perfil incompleto. O leitor não se engana: folheou o último capítulo para ver se o romance terminava bem, e sabe que o moço pálido, encostado à lareira, tem 350 páginas no ventre. Trezentas e cinquenta páginas de amor e aventuras. Eu tinha pelo menos quinhentas. Era o herói de uma longa história que acabava bem. Essa história eu parara de me contar: de que servia? Eu me sentia romanesco, é só. O tempo puxava para trás as velhas damas perplexas, as flores de faiança e toda a loja, as saias pretas desbotavam, as vozes tornavam-se algodoadas, eu senti piedade de minha avó, ela não iria certamente aparecer na segunda parte. Quanto a mim, eu era o começo, o meio e o fim juntados num menino muito novo e já velho, já morto, *aqui*, na sombra, entre pilhas de pratos mais altas que ele, e *fora*, muito longe, ao grande sol fúnebre da glória. Eu era o corpúsculo no início de sua trajetória e o trem de ondas que reflui sobre si mesmo depois de chocar-se contra o amortecedor de chegada. Reunido, apertado, tocando com uma das mãos meu túmulo e com a outra meu berço, sentia-me breve e esplêndido, num raio terrível eclipsado pelas trevas.

No entanto, o tédio não me largava; às vezes discreto, às vezes enjoado, eu cedia à tentação mais fatal quando não conseguia mais suportá-lo: por impaciência Orfeu perdeu Eurídice; por impaciência, me perdi muitas vezes. Desnorteado pela ociosidade, acontecia-me voltar à minha loucura quando seria preciso ignorá-la, mantê-la escondida e fixar minha atenção nos objetos exteriores; naqueles momentos, eu queria me *realizar* imediatamente, abranger com um só golpe de vista a totalidade que me perseguia quando eu não pensava nisso. Catástrofe! O progresso, o otimismo, as alegres traições e a finalidade secreta, tudo se esboroava do que eu acrescentara, eu mesmo, à predição da sra. Picard. A predição subsistia, mas o que podia eu fazer com ela? Por querer salvar todos os meus instantes, este oráculo sem conteúdo se proibia de distinguir qualquer deles: o porvir, de um só golpe ressecado, não era mais do que uma carcaça; eu reencontrava minha dificuldade de ser e percebia que ela nunca me abandonara.

Lembrança sem data: estou sentado num banco, no Luxembourg: Anne-Marie me pediu que descansasse perto dela, porque eu estava alagado de suor por ter corrido demais. Tal é pelo menos a ordem das causas. Eu me aborreço tanto que tenho a arrogância de invertê-la: corri porque *era preciso* que eu ficasse alagado de suor a fim de proporcionar a minha mãe a ocasião de me chamar de volta. Tudo leva àquele banco, tudo devia levar a ele. Qual o seu papel? Eu o ignoro e não me preocupo de início: de todas as impressões que me tocam, nenhuma ficará perdida; há um alvo: eu o conhecerei, meus sobrinhos o conhecerão. Balanço minhas pernas curtas que não tocam o chão, vejo passar um homem que carrega um pacote, uma corcova: ela servirá. Repito para mim mesmo no êxtase: "É da maior importância que eu permaneça sentado." O tédio redobra; não mais me contenho e arrisco uma olhada em mim: não peço revelações sensacionais, mas gostaria de adivinhar o sentido deste minuto, sentir sua urgência, gozar um pouco da obscura presciência vital que atribuo a Musset, a Hugo. Naturalmente percebo apenas brumas. A postulação abstrata de minha necessidade e a intuição bruta de minha existência subsistem lado a lado sem se combater e sem se confundir. Não penso em outra coisa exceto em fugir de mim, em reencontrar a surda velocidade que me transportava; em vão; o feitiço está rompido. Tenho o bicho-carpinteiro nos joelhos, me contorço. Muito a propósito o Céu me incumbe de nova missão: é da maior importância que eu volte a correr. Salto em meus pés, disparo a toda brida; ao fim da aleia, volto-me: nada se mexeu, nada se produziu. Oculto-me à minha decepção por meio de palavras: num quarto mobiliado de Aurillac, afirmo-o, por volta de 1945, a corrida terá inapreciáveis consequências. Declaro-me satisfeito, exalto-me; para forçar a mão do Espírito Santo, aplico-lhe o golpe de confiança: juro com frenesi merecer a oportunidade que ele me concedeu. Tudo está à flor da pele, tudo à base dos nervos, e eu o sei. Já minha mãe se lança sobre mim, eis a malha de lã, o cachenê, o paletó: deixo-me enrolar, sou um pacote. É preciso ainda sofrer a rua Soufflot, os bigodes do porteiro, sr. Trigon, as tossidelas do elevador hidráulico. Enfim, o pequeno pretendente calamitoso volta a encontrar-se na biblioteca, arrasta-se de uma cadeira a outra, folheia livros e os afasta; eu me aproximo da janela, avisto uma mosca debaixo da cortina, encurralo-a numa armadilha de musselina e dirijo para ela um indicador mortífero. Este momento está fora do programa, extraído do tempo comum, posto à parte, incomparável, imóvel, nada sairá daí esta noite nem mais tarde: Aurillac ignorará sempre esta eternidade turva. A Humanidade cochila; quanto ao ilustre escritor — um santo, que não faria mal a uma mosca —, justamente saiu. Só e sem futuro num minuto estagnado, uma criança pede sensações fortes ao assassinato; já que me recusam um destino de homem, serei o destino de uma mosca. Não me apresso, deixo-lhe o lazer de adivinhar o gigante que se debruça sobre ela: adianto o dedo, ela estoura, estou arruinado! Não devia matá-la, bom Deus! De toda a criação, era o único ser que me temia; nada mais valho para ninguém. Inseticida, assumo o lugar da vítima e torno-me inseto, por minha vez. Sou mosca, sempre fui. Desta vez toquei o fundo. Só me resta apanhar da mesa *Aventuras maravilhosas do capitão Corcoran* e me deixar cair sobre o tapete, abrindo ao acaso o livro cem vezes relido; estou tão cansado, tão triste que não sinto mais meus nervos, e que, desde a primeira linha, eu me esqueço. Corcoran empreende batidas pela biblioteca deserta, com a carabina debaixo do braço, com a tigresa nos calcanhares; as moitas da selva se dispõem apressadamente em torno deles; ao longe plantei árvores, os macacos saltam de galho em galho. De repente, Louison, a tigresa, começa a rosnar. Corcoran estanca: eis o inimigo. É este momento palpitante que minha glória escolhe para reinstalar-se em seu domicílio, a Humanidade para despertar em sobressalto e me chamar em seu socorro, o Espírito Santo para me cochichar estas palavras perturbadoras: "Tu não me procurarias se já não me tivesses achado." Semelhantes lisonjas ficarão perdidas: não há pessoa aqui para ouvi-las, salvo o valoroso Corcoran. Como se houvesse aguardado apenas a declaração, o Ilustre Escritor faz sua *rentrée*; um sobrinho-neto inclina a cabeça loura sobre a história de minha vida, as lágrimas molham seus olhos, o futuro se levanta, um amor infinito me envolve, luzes acendem-se em meu coração; não me mexo, não concedo um olhar à festa. Prossigo direitinho na minha leitura, as luzes acabam apagando-se, nada sinto exceto um ritmo, um impulso irresistível, estou dando a partida, dei a partida, deslancho, o motor ronca. Experimento a velocidade de minha alma.

Eis o meu começo: eu fugia, forças externas modelaram minha fuga e me criaram. Através de uma concepção caduca da cultura, transparecia a religião que serviu de modelo: infantil, nada é mais próximo de uma criança. Ensinavam-me História Sagrada, Evangelho, catecismo, sem me dar os meios de crer: o resultado foi uma desordem que se tornou minha ordem particular. Houve dobramentos, um deslocamento considerável; adiantamento levantado sobre o catolicismo, o sagrado se depositou nas Belas-Letras e o homem da pena apareceu, *Ersatz* do cristão que eu não podia ser: sua única ocupação era a salvação, sua estada cá embaixo não visava a outro fim além de fazê-lo merecedor de beatitude póstuma por provações dignamente suportadas. O passamento se reduziu a um rito de passagem e a imortalidade terrestre se ofereceu como substituto da vida eterna. Para me assegurar de que a espécie humana me perpetuaria, conveio-se em minha cabeça que ela não findaria. Extinguir-me nela era nascer e tornar-se infinito, mas se alguém emitia diante de mim a hipótese de que um cataclismo pudesse um dia destruir o planeta, mesmo dentro de cinquenta mil anos, eu me apavorava; hoje ainda, desencantado, não consigo pensar sem temor no resfriamento do Sol: que meus congêneres me esqueçam no dia seguinte ao meu enterro pouco me importa; enquanto viverem, hei de persegui-los; inapreensível, inominado, presente em cada um, como em mim estão milhares de falecidos que ignoro e que preservo do aniquilamento; mas se a humanidade vier a desaparecer, ela matará seus mortos de verdade.

O mito era muito simples e eu o digeri sem dificuldade. Protestante e católico, minha dupla pertença confessional impedia-me de acreditar nos santos, na Virgem e finalmente em Deus, na medida em que eram chamados por seus nomes. Mas um enorme poder coletivo me penetrara; estabelecido em meu coração, espreitava, era a Fé dos outros; basta desbatizar e modificar na superfície seu objeto corriqueiro: ela o reconheceu sob os disfarces que me enganavam, atirou-se sobre ele, apertou-o em suas garras. Eu pensava em me entregar à Literatura quando, na verdade, ingressava nas ordens. Em mim, a certeza do crente mais humilde tornou-se a orgulhosa evidência de minha predestinação. Predestinado, por que não? Todo cristão não é um eleito? Eu crescia, erva abandonada, na terriça da catolicidade, minhas raízes sorviam aí os sumos e eu os transformava em minha seiva. Daí procede esta lúcida cegueira de que sofri trinta anos. Uma manhã, em 1917, em La Rochelle, aguardava alguns colegas que deviam acompanhar-me ao liceu; estavam demorando, logo não soube mais o que inventar a fim de distrair e resolvi pensar no Todo-Poderoso. No mesmo instante, ele precipitou-se no azul-celeste e sumiu sem dar explicação: ele não existe, disse eu a mim mesmo com espanto de polidez, e julguei que o caso estava encerrado. De certa maneira estava, visto que nunca mais, depois disso, senti a menor tentação de ressuscitar o Todo-Poderoso. Mas o Outro subsistia, o Invisível, o Espírito Santo, o que garantia meu mandato e regia minha vida por grandes forças anônimas e sagradas. Deste, senti tanto mais dificuldades de me livrar quanto mais se instalara atrás de minha cabeça, nas noções adulteradas que eu usava para me compreender, me situar e me justificar. Escrever foi durante muito tempo pedir à Morte, à Religião sob uma máscara, que arrancassem minha vida ao acaso. Fui de Igreja. Militante, quis salvar-me pelas obras; místico, tentei desvelar o silêncio do ser por um sussurrar contrariado de palavras e, sobretudo, confundi as coisas com seus nomes: isto é crer. Eu tinha peneira nos olhos. Enquanto perdurou, considerei-me livre do apuro. Consegui aos trinta anos dar este belo golpe: o de escrever em *A náusea* — muito sinceramente, podem crer — a existência injustificada, salobra, de meus congêneres e colocar a minha fora de causa. *Eu era* Roquentin; eu mostrava nele, sem complacência, a trama de minha vida; ao mesmo tempo eu era *eu*, o eleito, analista dos infernos, fotomicroscópio de vidro e aço debruçado sobre minhas próprias soluções protoplásmicas. Mais tarde expus jovialmente que o homem é impossível; eu próprio impossível, diferia dos outros apenas pelo simples mandato de manifestar essa impossibilidade que, no mesmo lance, se transfigurava, tornava-se minha possibilidade mais íntima, o objeto de minha missão, o trampolim de minha glória. Eu era prisioneiro destas evidências, mas não as enxergava: enxergava o mundo através delas. Falsificado até os ossos e mistificado, escrevia alegremente sobre nossa infeliz condição. Dogmático, duvidava de tudo, salvo do fato de ser o eleito da dúvida; restabelecia com uma das mãos o que destruía com a outra e tomava a inquietação como a garantia de minha segurança; eu era feliz.

Mudei. Contarei mais tarde que ácidos roeram as transparências deformantes que me envolviam, quando e como efetuei o aprendizado da violência e descobri minha feiura — que foi durante muito tempo meu princípio negativo, a cal viva em que a criança maravilhosa se dissolvera —, por que razão fui conduzido a pensar sistematicamente contra mim mesmo, a ponto de medir a evidência de uma ideia pelo desprazer que me causava. A ilusão retrospectiva está reduzida a migalhas; martírio, salvação, imortalidade, tudo se deteriora, o edifício cai em ruínas, catei o Espírito Santo nas *caves* e o expulsei delas; o ateísmo é uma empresa cruel e de longo fôlego: creio tê-la levado até o fim. Vejo claro, estou desenganado, conheço minhas verdadeiras tarefas, mereço seguramente um prêmio de civismo; há quase dez anos sou um homem que desperta, curado de longa, amarga e mansa loucura, e que está perplexo, e que não consegue lembrar-se, sem rir, de seus antigos erros, e que não mais sabe o que fazer de sua vida. Voltei a ser o viajante sem passagem que eu era aos sete anos: o inspetor entrou no meu compartimento, ele me fita, menos severo que outrora: na realidade, só deseja ir embora, deixar-me concluir a viagem em paz; basta que lhe dê uma desculpa válida, não importa qual, ele a aceitará. Infelizmente não acho nenhuma e, aliás, não tenho mesmo vontade de procurá-la: ficaremos a sós um com o outro, no mal-estar, até Dijon, onde bem sei que ninguém me espera.

Desinvesti, mas não me evadi: escrevo sempre. Que outra coisa fazer?

Nulla dies sine linea.

É meu hábito e também é meu ofício. Durante muito tempo tomei minha pena por uma espada: agora, conheço nossa impotência. Não importa: faço e farei livros; são necessários; sempre servem, apesar de tudo. A cultura não salva nada nem ninguém, ela não justifica. Mas é um produto do homem: ele se projeta, se reconhece nela; só este espelho crítico lhe oferece a própria imagem. De resto, este velho edifício ruinoso, minha impostura, é também meu caráter: a gente se desfaz de uma neurose, mas não se cura de si próprio. Gastos, obliterados, humilhados, encantoados, passados em silêncio, todos os traços da criança remanesceram no quinquagenário. A maior parte do tempo se acaçapam na sombra, espreitam: ao primeiro instante de inadvertência, reerguem a cabeça e penetram em pleno dia sob um disfarce: pretendo sinceramente escrever apenas para o meu tempo, mas me agasto com minha notoriedade presente; não é a glória, pois eu vivo, e só isso basta para desmentir meus velhos sonhos; será que ainda os alimento secretamente? Não de todo: eu os adaptei, creio: tendo perdido minhas probabilidades de morrer desconhecido, gabo-me às vezes de viver mal conhecido. Grisélidis não está morta. Pardaillan ainda me habita. E Strogoff. Não dependo senão deles, que não dependem senão de Deus e eu não creio em Deus. Vejam se se reconhecem nisto. De minha parte, não me encontro e me pergunto às vezes se não estou jogando o perde-ganha e empenhando-me em pisotear minhas esperanças de outrora para que tudo me seja devolvido ao cêntuplo. Neste caso, eu seria Filoctetes: magnífico e fedorento, este enfermo entregou até seu arco, sem condição: mas, subterraneamente, pode-se estar certo de que ele espera sua recompensa.

Deixemos disso. Mamie diria:

"Escorreguem, mortais, não queiram segurar-se."

O que amo em minha loucura é que ela me protegeu, desde o primeiro dia, contra as seduções da "elite": nunca me julguei feliz proprietário de um "talento": minha única preocupação era salvar-me — nada nas mãos, nada nos bolsos — pelo trabalho e pela fé. Desta feita, minha pura opção não me elevava acima de ninguém: sem equipamento, sem instrumental, lancei-me por inteiro à ação para salvar-me por inteiro. Se guardo a impossível Salvação na loja dos acessórios, o que resta? Todo um homem, feito de todos os homens, que os vale todos e a quem vale não importa quem.

Índice remissivo

A

Aiglon, L' 72
Aristófanes 36
Auriol, Vicent 51
Aventuras maravilhosas do capitão Corcoran 142
Aventures d'un gamin de Paris, Les 123

B

Bach, Johann Sebastian 30, 40, 57, 118
Barrault (professor) 51, 52
Baudelaire, Charles 46
Beethoven, Ludwig von 40, 41, 120
Belot, Adolphe 16
Bénard (colega) 130, 131, 132
Bercot, Max 128, 130, 132
Bergson, Henri 25
Bierdermann, Caroline 29
Blumenfeld (merceeiro) 29
Bouchor, Maurice 33, 34, 70
Boussenard, Louis 87
Brun (colega) 128, 132
Buffalo Bill 125, 127
Byron, George Gordon, lorde 103

C

Carlos V, rei da Espanha 44
Cervantes, Miguel de 102, 103
Chateaubriand, François René de 44, 48, 98
Chénier, André 103
Chopin, Frédéric 58, 75, 76, 77
Cinq sous de Lavarède, Les 48
Cocteau, Jean 85
Contos escolhidos (Maupassant) 36
Corneille, Pierre 38, 43, 46, 47, 96, 101, 106, 116
Courteline, Georges 42, 45, 46
crime en ballon, Un 125

D

Deutsches Lesebuch 15, 32, 44
Dibildos, padre 63
Dickens, Charles 100
Dolet, Étienne 103
Dom Quixote 103
Doré, Gustave 49
Dreyfus, Alfred 104
Drouet, Minou 85
Dupont, Gabriel 60
Dupont, senhora 60
Durry (professor) 131

E

Enfance des hommes illustres, L' 118
Esclaves du baron Moutoushimi, Les 125

F

Fallières, Armand 105, 139
Fausta 103
Favre, Jules 72
Fayard, Arthème 111, 112
Felipe II, rei da França (dito O augusto) 121
Femme de feu, La 16
Ferry, Jules 72
filhos do capitão Grant, Os 48
Filleule de Roland, La 49
Flaubert, Gustave 41, 44, 46, 95, 106
Fontenelle, Bernard de 36
France, Anatole 42
Franck, César 76
frutos da terra, Os 43

G

Galopin, Arnould 48, 122, 123, 125
Gama, Vasco da 36
Gautier, Théophile 106
Giacometti, Alberto 134

Gide, André 118
Goethe, Johann Wolfgang von 44, 97
Goncourt, Edmond 106
Goncourt, Jules 106
Grand Larousse 36, 47, 87, 100
Grévy, Jules 72
Guilherme II, imperador da Alemanha
   e rei da Prússia 124
Guillemin, Louise
   ver Schweitzer, Louise 15
Gyp (Sibylle de Mirabeau, condessa
   de Martel de Janville, dita) 76

H
Heine, Heinrich 97
Henrique III, rei da França 80
Hesíodo 42
Hire, Jean de la 48, 122, 123, 125
Homero 42
Horácio 38, 39, 94, 111
Hugo, Victor 22, 23, 41, 42, 44, 80, 94,
   97, 104, 141

I
Ivoi, Paul d' 48, 70
Ivrogne et sa femme, L' 60

J
Joana d'Arc 130

K
Keller, Gottfried 44

L
La Fontaine, Jean de 60, 85, 97
La Pérouse, Jean François, conde de 36
Le Dantec, Félix 20
Légende des siécles, La 103
Lépine, Louis 104
Liévin (professor) 51
Luís Felipe, rei da França 43
Luís XIII, rei da França 80
Luís XVI, rei da França 80
Lutero, Martinho 62
Lyon-Caen, Charles-Léon 58

M
Madame Bovary 39, 44, 66
Magalhães, Fernando de 36
Maheu, René 115
Malaquin, André 128
Malaquin, Jean 128, 129
Malaquin, René 128
Mallarmé, Stéphane 43
Malot, Hector 35
Marie-Louise (professora) 53, 127
Maupassant, Guy de 36, 44, 95
Mérimée, Prosper 44, 45, 60
Meyre, Norbert 128, 129
Meyre, Paul 128
Miguel Strogoff 79
Mironneau, A. 44
miseráveis, Os 103
Molière 97, 118
Moreau, Lucette 41
moscas, As 136
Moutet, senhorita 30
Mozart, Wolfgang Amadeus 118
Musset, Alfred de 47, 109, 141

N
Napoleão (Bonaparte) 121
Napoleão III, imperador da França
   (dito Badinguet) 80, 104
náusea, A 144
Nick Carter 125
Nicolas Nickleby 48
Nizan, Paul-Yves 115, 116, 131, 132

O
Ollivier (professor) 128

P
Pacte avec le Diable, Le 125
Pardaillan 103
Pellico, Silvio 103
Picard, Blanche 57, 63, 66, 67, 87, 92,
   99, 140
Poincaré, Raymond 104
Por uma borboleta 86
Poupon (irmãs) 52

R
Rabelais, François 36, 48
Racine, Jean 97
Rembrandt 41, 118
Renan, Ernest 96
Résurrection de Dazaar, La 125
Robespierre, Maximilien de 117
Rostand, Edmond 72
Rousseau, Jean-Jacques 104, 118, 129

S
Sachs, Hans 15
Sartre, Anne-Marie (nascida Anne-
 -Marie Schweitzer) 17, 18, 19,
 33, 34, 35, 38, 47, 48, 55, 57, 64,
 65, 70, 73, 85, 87, 120, 126, 127,
 140
Sartre, Hélène 18
Sartre, Jean-Baptiste 18, 19, 20, 56
Sartre, Joseph 18
Schiller, Friedrich 97
Schumann, Robert 76, 78
Schweitzer, Albert 15
Schweitzer, Anne-Marie
 ver Sartre, Anne-Marie 18
Schweitzer, Auguste 15, 65
Schweitzer, Charles (dito Karl) 15, 16,
 17, 22, 25, 26, 28, 29, 30, 32, 40,
 42, 45, 46, 48, 50, 53, 55, 57, 62,
 63, 80, 85, 92, 93, 94, 96, 97, 102,
 104, 105, 120, 127
Schweitzer, Émile 17, 21, 38, 55, 87
Schweitzer, Georges 17, 40, 118
Schweitzer, Karl
 ver Schweitzer, Charles 43
Schweitzer, Louis 15
Schweitzer, Louise (nascida Louise
 Guillemin) 15, 16, 17, 18, 19, 28,
 29, 30, 32, 55, 61, 85, 90, 92, 124
Sem família 35
Shakespeare, William 42

Shurer (professor) 58
Simonnot, Émile 15, 57, 58, 60, 73,
 92, 94, 129
Sitting Bull 125
Stendhal 96

T
Temístocles 121
Terêncio 36
Texas Jack 125
Théodore cherche des allumettes 45
Ticiano 44
Tour du monde en aéroplane, Le 48
Tour du monde en hydravion, Le 123
Tribulações de um chinês na China 35
Trigon (porteiro) 141
Trois boy-scouts, Les 48, 123

U
último dos moicanos, O 48

V
Vacances, Les 48
Valle, Jo 122
Van Lennep 133
Vent dans les arbres, Le 113
Vênus de Ille, A 60
Verlaine, Paul 93
Verne, Júlio 48, 87
Vers le positivisme par l'idéalisme absolu
 20
Vigny, Alfred de 48
Voltaire 16, 46, 96, 104

W
Weber, Louis 20
Wittgenstein, Ludwig 50

Z
Zévaco, Michel 80, 89, 102, 103, 111
Zola, Émile 104

Conheça todos os títulos da Coleção Clássicos de Ouro

132 crônicas: cascos & carícias e outros escritos — Hilda Hilst
24 horas da vida de uma mulher e outras novelas — Stefan Zweig
50 sonetos de Shakespeare — William Shakespeare
A câmara clara: nota sobre a fotografia — Roland Barthes
A conquista da felicidade — Bertrand Russell
A consciência de Zeno — Italo Svevo
A força da idade — Simone de Beauvoir
A força das coisas — Simone de Beauvoir
A guerra dos mundos — H.G. Wells
A idade da razão — Jean-Paul Sartre
A ingênua libertina — Colette
A mãe — Máximo Gorki
A mulher desiludida — Simone de Beauvoir
A náusea — Jean-Paul Sartre
A obra em negro — Marguerite Yourcenar
A riqueza das nações — Adam Smith
As belas imagens — Simone de Beauvoir
As palavras — Jean-Paul Sartre
Como vejo o mundo — Albert Einstein
Contos — Anton Tchekhov
Contos de terror, de mistério e de morte — Edgar Allan Poe
Crepúsculo dos ídolos — Friedrich Nietzsche
Dez dias que abalaram o mundo — John Reed
Física em 12 lições — Richard P. Feynman
Grandes homens do meu tempo — Winston S. Churchill
História do pensamento ocidental — Bertrand Russell
Memórias de Adriano — Marguerite Yourcenar
Memórias de um negro americano — Booker T. Washington
Memórias de uma moça bem-comportada — Simone de Beauvoir
Memórias, sonhos, reflexões — Carl Gustav Jung
Meus últimos anos: os escritos da maturidade de um dos maiores gênios de todos os tempos — Albert Einstein
Moby Dick — Herman Melville
Mrs. Dalloway — Virginia Woolf
Novelas inacabadas — Jane Austen
O amante da China do Norte — Marguerite Duras
O banqueiro anarquista e outros contos escolhidos — Fernando Pessoa
O deserto dos tártaros — Dino Buzzati

O eterno marido — Fiódor Dostoiévski
O Exército de Cavalaria — Isaac Bábel
O fantasma de Canterville e outros contos — Oscar Wilde
O filho do homem — François Mauriac
O imoralista — André Gide
O muro — Jean-Paul Sartre
O príncipe — Nicolau Maquiavel
O que é arte? — Leon Tolstói
O tambor — Günter Grass
Orgulho e preconceito — Jane Austen
Orlando — Virginia Woolf
Os 100 melhores sonetos clássicos da língua portuguesa — Miguel Sanches Neto (org.)
Os mandarins — Simone de Beauvoir
Poemas de amor — Walmir Ayala (org.)
Retrato do artista quando jovem — James Joyce
Um homem bom é difícil de encontrar e outras histórias — Flannery O'Connor
Uma fábula — William Faulkner
Uma morte muito suave (e-book) — Simone de Beauvoir

Direção editorial
Daniele Cajueiro

Editora responsável
Ana Carla Sousa

Produção editorial
Adriana Torres
André Marinho
Laiane Flores
Allex Machado

Revisão
Luíza Côrtes

Capa
Victor Burton

Diagramação
Filigrana

Este livro foi impresso em 2024, pela Exklusiva, para a Nova Fronteira.
O papel do miolo é avena 70g/m² e o da capa é cartão 250g/m².